시가 있는
밥상

● **일러두기**

《시가 있는 밥상》에 게재된 시는 《그곳인들 바람불지 않겠나》(살림터, 1992.6.10), 《혼자 먹는 밥》(살림터, 1998.12.1), 《등뒤의 사랑》(뜨란, 2002.12.20), 《아버지의 집》(고요아침, 2006.6.30), 《별을 의심하다》(애지, 2011.4.29)에 기발표한 작품으로, 저자의 퇴고를 거쳐 원문 그대로 게재하였음을 밝힙니다.

시가 있는 밥상

1판 1쇄 발행_ 2014.01.20
1판 3쇄 발행_ 2014.01.24

지은이_ 오인태
발행인_ 홍성찬

발행처_ 인사이트북스
출판신고_ 2009년 6월 5일 제25100-2009-0017호

주소_ 서울특별시 강북구 우이동 161-36(142-871)
대표전화_ 070)8112-0846
팩시밀리_ 02)906-9888
이메일_ insightbooks@hanmail.net

© 오인태 저작권자와 맺은 특약에 따라 검인을 생략합니다.
ISBN 978-89-98432-16-4 13320

시가 있는 밥상

오인태 지음

소도둑이 노리는
재를 넘는 법

어쩌다 '밥상 차리는 시인'이 됐다. 시 쓰는 시인을 두고 밥상 차리는 시인이라니. 생뚱맞기조차 한 이 규정이 마땅하냐 아니냐를 떠나서 시든지, 밥상이든지 아니면 둘 다든지 나를 그동안 지켜본 다수가 그렇게 봤다면 그만한 근거가 있을 테니 어쩔 도리가 없다. 맞다.

나는 밥상 차리는 시인이다.

새천년이 한 해 지난 2001년이었다. 남해 미조에서 '자발적 유폐'를 끝내고 진주로 나간 해였다. 그때 부임한 학교에서 정보부장을 맡고 있던 후배가 만들어준 내 누리집 문패가 '시야 밥 먹고 놀자'다. 그 누리집은 이후 컴퓨터 관련 일을 하는 다른 후배가 맡아 관리하면서 문전성시를 이뤘는데 하루 조회 수가 많을 때는 1000회를 넘었다.

2009년부터 시작한 블로그 이름도 '시야 밥 먹고 놀자'다. 블로그 역시 하루 방문자가 수백 명으로 2년 연속 우수블로그로 선정되기도 했다. 누리집이나 블로그나 줄인 이름은 '시밥'이었고, 지킴이 아이디는 '시밥지기'였다. 이만하면 '밥상 차리는 시인'이라 할 만하지 않은가. 물론 이건 아는 사람만 아는 사실이다. 이것으로 나를 '밥상 차리는 시인'으로 규정하지는 않았을 테다. 안다.

내가 작정하고 밥상을 차린 것은 지난 대선이 끝난 직후였다. 끝내 영웅은 탄생하지 않았고 사람들은 일순간 말을 잃었다. 뭐라고 말을 건네야겠으나 마땅한 말이 없었다. 그동안 페이스북에서 거의 가장 많은 정치적 발언을 한 사람이 바로 나 아니던가. 내 입을 바라보며 희망을 걸었던 이들에게 무슨 말을 해야 한단 말인가. 아팠다. 그렇다고 주저앉고 말 것인가. 그럴 순 없었다.

우선 내 삶의 중심부터 잡아야겠다고 생각했다. 삶의 중심을 잡는다는 것은 일상의 궤도를 점검하여 바로 잡는 일 아니겠는가. '저녁 밥상'을 차렸다. 내 일상의 민낯을 세상에 그대로 내보였다. 이유는 간명하다. 다시 일상으로 돌아가자는 거다.

저녁 밥상을 차리면서 일상은 차츰 정상으로 돌아왔고 평온해졌다. 일상이 회복되었다는 것만큼 확실한 치유의 징표가 있겠는가. 사람들이 내 시와 밥상을 통해 위안 받았다면 아마 그것은 일상의 건재함에 대한 안도감 때문일 것이다. 대리 만족일 수도 있겠다. 어쨌든 한 시인이 늘 그 시간에 그 자리에 어김없이 시와 밥상을 차려 내놓는 것을 보며 안도하고 위안을 얻으셨다면 내 선의는 제대로 전달된 것이다. 더 이상 무엇을 바라랴.

사실 밥상머리 담론은 당황스런 시대를 우회하는 내 나름의 방편, 또는 세상과의 새로운 소통 방식이기도 했다. 내가 여전히 정치적인 발언만 일삼았다면 지금처럼 건재할 수 있었겠는가.

'실종과 부재의 시대'라 할 만한 오늘을 사는 우리가 잃고 있는 핵심 가치 체계를 나는 네 가지로 짚고 있다. 바로 이 책의 주요 코드로 장치된 '시'와 '인문 정신', 그리고 밥상으로 상징된 '집'과 저녁으로 대변된 '일상'이다.

실종은 부재를 초래한다. 부재 상태에서야 비로소 인간은 꿈꾼다. 따라

서 내가 차린 밥상은 단순한 음식의 집합이 아니라 공동체의 일상을 복원하고자 하는 의지이자 간절한 염원의 결정체다. 건강한 공동체의 복원을 가능하게 하는 정신적 토대, 또는 매개체가 바로 시와 인문 정신이다.

물론 순전히 음식으로서 밥상을 차리는 데에서도 내 나름의 몇 가지 기준과 원칙이 있다. 첫째, 우리 땅에서 난 식재료만 쓴다. 둘째, 최대한 열을 덜 가하고 조리 과정을 짧게 해서 재료의 원형과 성질을 지니도록 한다. 셋째, 화학조미료는 전혀 쓰지 않고 천연 조미료도 되도록 적게 써서 주재료가 가지고 있는 본디 맛을 한껏 살린다는 것이다. 이상하게도 나는 음식에 대해서만큼은 새로운 것에 대한 호기심이 별로 없다. 어릴 적, 특히 어머니가 내게 해 준 음식 맛에 대한 기억을 살려 그대로 복원해 내고 싶을 뿐이다.

보다시피 이 책은 시집이 아니다. 그렇다고 산문집도 아니다. 요리책은 더구나 아니다. 그렇다면 뭔가. 이 책의 시와 에세이와 밥상은 모두 페이스북과 〈머니투데이〉에 이미 실었던 것들이다. 물론 거기서는 이런 틀의 꼭지를 내거는 데 아무 문제가 없었다. 그런데 이걸 종이책으로 만들려다 보니 책의 제목을 정하는 일도, 표지와 본문을 구성하는 일도 간단치가 않았다. 서로 다른 형식과 코드들을 결합시키는 작업인 탓이다. 변화한 환경에 따르려는 새로운 장르의 시도쯤으로 봐 주시라.

내 고향 안의에서 장수로 넘어가는 육십령이라는 고개가 있다. 굽이가 육십이어서 육십령이 아니다. 옛날 그 고개에 소도둑들이 진을 치고 있어서 소장수 육십 명이 모여야 비로소 재를 넘어갔다고 하여 육십령이라 불렀다고 한다. 그렇다.

험난한 시대의 고개를 넘으려면 함께 가는 수밖에 없다.

시든, 산문이든, 밥상이든 아무쪼록 이 책이 내 이웃들에게 한 그릇의 따뜻한 위안과 희망이 되길 바랄 따름이다.

2014. 갑오년 정초
남해에서

1

혼자 밥 먹는 삶의 격식과 원칙

문어 애호박국, 오이소박이, 데친 두부

문어 애호박국 _ ① 문어를 삶아 건진다. ② 문어 삶은 물에 멸치 액젓으로 간을 하고 건져 놓은 문어를 적당한 크기로 잘라 넣는다. ③ 한소끔 끓인 후, 애호박을 슴벅슴벅 썰어 넣고 다진 마늘과 청양 고추로 양념하여 한소끔 더 끓여 낸다.

남해에 와서

결국 여기까지 왔네

더 갈 데도 없는 생애의 가파른 벼랑, 이렇게 넘실대는 파도에 섞
여 겨드랑이에 반짝이는 비늘 하나 돋을 때까지

혹은, 끝을 가늠할 수 없는 저 검푸른 물보다 더 깊이 잠겨서 마침
내 내 생애의 예쁜 섬 하나 띄워 손짓할 때까지

안녕, 모두들 잘 계시게

_시집 《혼자 먹는 밥》에서

자존심은
나의 힘

혼자 먹는 밥을 뭘 그렇게 격식 갖춰 차리느냐고 생각할 수도 있겠다. 실제 이런 질문을 하는 사람들이 더러 있다. "혼자니까." 이렇게 대답하면 선뜻 무슨 뜻인지 알아채지를 못한다.

자존심 때문이다. 이런저런 사정으로 오랫동안 혼자 생활하면서 스스로 세운 의식주와 관련한 몇 가지 원칙이 있다. 그 가운데 하나가 혼자라도 밥상을 제대로 차려 먹자는 것이다. 또 하나가 질감이든 촉감이든 기분 좋은 이부자리를 갖추는 데에는 아끼지 말자는 것이다. 그래서 지금까지 내가 조리하는 음식의 찬거리, 내가 덮는 이부자리, 내가 입는 옷만은 늘 직접 고른다.

물론 이런 모습이 호사로 비칠 수도 있겠지만 이 정도 유별남은 한 인간의 개성과 권리로 존중받아야 마땅하지 않을까. 남한테 해를 끼치는 것도 아닌데 말이다. 그리고 내가 점심밥이나 저녁밥은 건너뛰거나 다른 걸로 때우기도 하지만 아침밥만은 꼭 챙겨 먹는 건 순전히 어머니 때문이다.

어머니는 살아계실 적에 단 한 번도 아침밥을 굶겨서 식구들을 밖으로 내보낸 적이 없었다. 그땐 누구 어머니나 다 그러셨겠지만.

12년 만에 다시 남해에 와서 혼자 밥상을 차리며, 울컥 목울대가 저리다.

찐 채소 쌈밥, 소라 애호박국, 가자미식혜, 강된장

다산초당에서

산그늘이 내리고

나무들은 모두

그림자를 거둬들였다.

풀들도 순순히 제 색깔을

어둠 속에 맡기고

어차피 길손들은

서둘러 산을 내려갔다.

다시 세상은 적막하여라

이따금 낮게 산죽 쏠리는 소리

언제 오셨나 천일각 위에

달님 한 분 내려다보고 계시다.

_시집 《혼자 먹는 밥》에서

다산과
서포

오늘, 우리 시대의 이념은 무엇인가? 있긴 한가? 그 많은 이론가, 논객들은 모두 어디로 사라졌는가? 실은 이런 물음조차 얼마나 실없고 객쩍은 짓인가.

혼란의 시대, 어둠의 시대에 다산의 시를 읽으며 운동과 문학의 문맥을 애써 찾던 때가 있었다. 지금 그 내용이야 온전히 떠올릴 수 없지만 그때 받은 충격과 감동의 기억은 생생하다. 두 세기 전에 이미 오늘을 내다본 듯한 밝은 이론과 혁명적인 문장, 민중과 국가에 대한 애정과 열정 넘치는 삶이라니.

이후 다산은 오랫동안 내 스승이었다. 그 시절 다산에게 이끌렸던 사람이 어디 나뿐이었으랴.

길이 보이지 않는 어둠의 시대, 다산초당을 찾았다. 어딜 헤매다 그렇게 늦었던지, 어둑발이 내리는 해거름녘이었다. 사람들은 산을 내려가고, 어둠에 묻히는 초당은 적막했다. 홀로 우두커니 서 있다가 내려오는 등 뒤를 다산이 지켜보고 계셨다. 무슨 말씀을 하고 싶으셨던 걸까.

다시 사무치게 다산이 그리운 시절 댓잎 수런대는 기척에도 귀를 쫑긋 세우며, 푸른 근대 몇 잎으로 밥을 싸는 저녁이다. 노도*의 서포는 수저를 드셨을까, 놓으셨을까.　　*서포 김만중이 구운몽을 쓰던 노도가 내가 사는 사택의 지척에 있다.

바지락 시금치국, 가자미 구이, 생미역 초무침

혼자 먹는 밥

찬밥 한 덩어리도

뻘건 희망 한 조각씩

척척 걸쳐 뜨겁게

나눠 먹던 때가 있었다

채 채워지기도 전에

짐짓 부른 체 서로 먼저

숟가락을 양보하며

남의 입에 들어가는 밥에

내 배가 불러지며

힘이 솟던 때가 있었다

밥을 같이 먹는다는 건

삶을 같이 한다는 것

이제 뿔뿔이 흩어진 사람들은

누구도 삶을 같이 하려 하지 않는다

나눌 희망도, 서로

힘 돋워 함께 할 삶도 없이

단지 배만 채우기 위해

혼자 밥 먹는 세상

밥맛, 없다

살맛, 안 난다

_시집 《혼자 먹는 밥》에서

밥을 같이 먹는다는 건 삶을 같이 한다는 의미다.
그래서 삶을 같이하는, 즉 공동체의 가장 기본 단위인 가정의 성원을
'식구'라 부르는 것이리라.

밥을
같이 먹는다는 것

밥을 같이 먹는다는 건 삶을 같이 한다는 의미다. 그래서 삶을 같이하는, 즉 공동체의 가장 기본 단위인 가정의 성원을 '식구'라 부르는 것이리라. 요즘은 식구끼리도 밥상을 마주하기가 쉽지 않다. 공동체가 무너졌다는 방증이다.

내가 매일같이 얼굴도 모르는 이들과 변변찮은 밥상이나마 나누고자 하는 것은 공동체 복원에 대한 나름의 염원과 향수를 표현하는 일이다. 종종 사람들을 불러 모아 밥과 술을 사고 형편 닿으면 내 손으로 밥을 지어 나눠 먹는 일도 마찬가지다. 밥 한 그릇, 국 한 그릇 차려 놓은 독상이지만 나 혼자가 아니라 수많은 식구들이 함께 하는 두레 밥상이라고 생각하면서 말이다.

호롱불이나 남포등 아래 식구들이 옹기종기 둘러앉아 숟가락을 부딪치며 나누던 두레 밥상, 모를 내거나 타작하는 논머리에서 길 가는 나그네까지 불러 먹던 들밥, 누구집이든 경사가 있으면 온 마을 사람들이 서로 일품을 팔아 차리던 잔칫상.

아, 어느 가을 한나절 갈 곳 없는 해직 교사들끼리 덕유산을 오르며 땀과 눈물로 범벅된 주먹밥을 나눠 먹으며 낮게 부르던 '산죽'*. *해직 교사의 노래

 다시, 찬 주먹밥을 뜨겁게 나눠 먹으며 함께 추구할 가치와 공동선이 우리에게 있는 걸까?

눈 감아도 혼자 바다요, 눈 떠도 혼자 바다인 나날이다. 해풍 맞고 큰다는 남해 시금치가 어떻게 이리 다디달 수 있는지.

시래기국, 새우장, 애호박전, 쪽파 무침

대줏밥을 추억함

장리쌀을 내서라도 한 집안의 자존심과
대주의 권위를 지키던 때가 있었다

온통 검은 보리쌀 가운데 묻어놓은
단 한 줌의 쌀,
들끓는 솥에서 행여 흩어질세라
고스란히 퍼 담은
대줏밥, 그 희디흰 한 그릇의
결집과 자존심,
누구도 그걸 불평등이라 말한 적 없었다
짐짓 포만하신 듯
아버지는 두어 번 헛기침과 함께
반도 더 남은 밥그릇을 슬쩍 밀어놓으시는 것이었다

생각해보면,

대궂밥은 아버지의 독차지가 아니라

우리 자식들의 몫이었던 셈인데,

다시, 공평하게 나누어지던

그 한 두어 숟갈씩의 다디단

은혜와 권위,

누가 그런 아버지의 심장에 칼을 꽂을 것이며

또한 자식을 비정하게 생매장할 것인가

대궂밥, 그 한 줌의 쌀에 대한 기억마저 기어이 잊어

버린, 지금

이 땅의 아버지들은 몰래 비정의 칼날을 갈고

자식들은 뿔뿔이 햄버거나 마른 빵조각을 씹으며

_시집 《별을 의심하다》에서

다시, 찬 주먹밥을 뜨겁게 나눠 먹으며
함께 추구할 가치와 공동선이 우리에게 있는 걸까?

나를 만든 팔 할은
아버지

단 한 번도 이 형한테 대들거나 역정을 내지 않았던 아우가 어느 날 전화를 했다. 울먹이다시피 하는 목소리였는데 대뜸 "아버지 오래 못 사실 것 같으니 형이 모시고 가라."는 것이었다. "결혼한 형이 아버지를 모셔야지 내가 왜 아버지를 모셔야 하느냐."며.

그때 나는 거창에서 해직된 상태로 단칸방 살림을 하는 형편이었고, 결혼 안 한 아우가 김해에서 혼자 아버지를 모시고 살았다.

어디 가까운 곳에 방 하나 더 얻어 아버지를 모시면 안 되겠냐고 아내를 설득했다. 하지만 여의치 못해서 결국 내가 김해로 내려가 아버지를 모시기로 했다. 사무장을 더 이상 맡기 어렵겠다고 지회에 알린 그날, 해직 동료들과 밤늦게까지 통음을 하며 설움에 복받쳐 얼마나 울었던지…….

그렇게 보름 정도 아버지를 모시다가 '사적인 일'에 마냥 매달려 있을 상황이 아니어서 지회로 복귀했던 것인데, 얼마 못 가 아우의 싸늘한 목소리로 아버지의 부음을 듣고 말았다.

생전에 앙숙이라고 하관할 때 흙 한 줌 던지는 일도 허락받지 못한 나를 만든 팔 할은 사실 바람이 아니라 아버지였다.

발우 한 벌을 샀다. 어느 스님이 주문해 놓고는 몇 년 동안 찾아가지 않아 싸게 파는 것이라며 공방 주인은 그릇도 주인이 있는 모양이라고 했다. 아버지께 올린다.

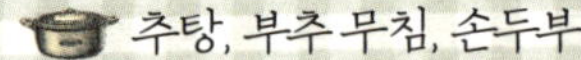 추탕, 부추 무침, 손두부

몽돌해수욕장, 학동에서

벌써,

마흔 생애를 내가 살았다니

꼭 이 나이에 아버지는 장남인 나를 보셨고

어머니는 내 스물여섯에 세상을 뜨셨다

훌쩍,

이후 나는 천애의 고아 뿌리 없이 떠돌다

끝내 오늘밤은 이 바람찬 바다에 들어

듣는다 그때처럼

귀를 쫑긋 모으고

밤새 어머니가 키로 콩을 가리던

그 소리

자륵 자륵 자르륵……,

젊은 날, 마냥 떠돌던 아버지

없는 밤을 저 몽돌처럼

어머니는 뜨거운 몸 뒤척이셨구나

지금

내 머리맡의 바다는

아버지도, 어머니도 가고

없는 한 고아의 밤을 이렇듯 마구 흔들어대는데,

자꾸만 눈에 밟히네

낮에 본

정말 붉었던, 그

찔레꽃

_시집 《아버지의 집》에서

찔레꽃, 아카시아, 밤꽃 따위 모내기철 꽃들은 왜 이리 하나같이 향기가 짙을까.
하필 배고플 때 부엌에서 새어 나오던 밥내처럼 말이다.
어쩌다 물씬 풍겨 오던, 동물성도 식물성도 아닌 어머니의 아릿한 몸내…….

누가 개구리를
울리나

아버지 돌아가신 지 올해로 꼬박 이십 년, 어머니는 그보다 칠 년 전에 세상을 뜨셨으니 천애의 고아로 살아온 세월이 어언 이십 년이다. 아버지는 위로 누나 넷을 낳고 마흔에야 장손인 나를 낳았다. 그래서 내 기억 속의 아버지는 백발에 가까운 초로의 노인네로 어머니는 쪽진 머리의 중년 아낙네의 이미지로만 인상되어 있다.

어릴 적 늘 부러웠던 친구는 돈 많은 부모를 둔 친구가 아니라 젊은 부모를 둔 친구였다. 부모님이 오래 살아계시기만 한다면 나 혼자 힘으로도 무슨 일이든 할 수 있을 것 같았다.

이 무렵 한창인 찔레꽃, 아카시아, 밤꽃 따위 모내기철 꽃들은 왜 이리 하나같이 향기가 짙을까. 하필 배고플 때 부엌에서 새어 나오던 밥내처럼 말이다. 어쩌다 물씬 풍겨 오던, 동물성도 식물성도 아닌 어머니의 아릿한 몸내…….

이게 사위도 주지 않는다는 그 '아시 정구지'다. 부추를 왜 정구지精久持, 파옥초破屋草라 하는지 아시는가?

한약 행상을 하며 전국을 떠도셨다는 할아버지, 내 유년의 기억엔 그 할아버지의 자식인 아버지의 부재의 날도 많았다. 자다가 눈을 뜨면 어머니는 바느질 중이거나 혼자 콩을 가리고 계시기 일쑤였는데…….

정구지보다도 어머니가 끓여 주시던 추탕, 그리고 김이 모락모락 오르던 손두부 한 모의 기억이 뜨겁게 살아 오르는 저녁이다. 누가 개구리들을 저리 자지러지게 울려대나.

닭국, 토마토 소박이

아우에게

너에게는 참 할 말이 없다.

위로 누나 넷으로 늦게 본 맏이 그늘에 묻혀
입는 것 하나 제대로 네 몫으로 산 것 없고
먹는 것 하나 따뜻하게 네 것으로
챙겨진 일 없던
아우야

형이 네가 못 나온 고등학교를 나오고
값싼 교육대학이나마 졸업한 것은
누나들이 그랬던 것처럼
보리밥으로 덮은 형의 쌀밥 도시락과
쌀밥으로 덮은 네 보리밥 도시락의 차이를
묵묵히 눈물로 삼켰을 아픈 인내와
희생의 대가임을 이 형인들 모를까

네가 책가방보다 또래들의
주먹다짐에나 어울리고
어렵게 입학한 공고를 몇 달 만에
네 말대로 때려치우고 나온 것도
아우야

이 형은 네 속 깊은 마음을
두려움으로 간직하고 있다.

그런 형이 네게는 사치스런
구호로 들릴지 모를
교육민주화니 정의니 양심이니 하며
식구들의 굶주림과 눈물과
끝내는 어머니의 죽음으로 바꾼
교단을 쫓겨나와
너를 대하던 날

한마디 말없이 지켜보던 네 눈빛이

차비나 하라며 쥐어 주던 지폐 몇 장이

돌아오는 찻길 내내 칼날바람 되어

가슴 도려지고

너에게는 참 할 말이 없다

미루나무 그림자 속으로 멀어지며

돌아보는 눈길 몇 번이나 마주치던

아우야

_시집 《그곳인들 바람불지 않겠나》에서

대줏밥의
불평등

대줏밥으로 상징되는 아버지의 권위를 정당한 것으로 인정하더라도, 그리고 어머니의 자애롭고 사려 깊은 자식 사랑에 감읍한다 하더라도 실은 아버지의 그 권위와 어머니의 자식 사랑에는 한국 사회 가부장제의 부조리와 모순이 고스란히 내재된 것이었다. 대줏밥의 분배에도 누나들은 제외되기 마련이었고, 밥상에도 차별과 편애가 작용했으니 말이다.

내겐 위로 누나가 넷 있고(누나 한 명은 내가 태어나기 전에 죽었다), 아버지 마흔에 낳은 내 밑에 세 살 적은 아우가 하나 있다. "아버지 오래 못 사실 것 같으니 형이 모시고 가라."던 그 아우 말이다. 남아 선호 사상이 심했던 그때는, 그리고 호주제가 시퍼렇던 당시엔 어느 집이나 마찬가지였겠지만 집안의 모든 기대와 관심이 장손인 내게 쏠려 있었다.

우쭐해하면서도 뭔가 불편했던, 부조리와 모순을 그때는 알 리 없었다.

초등학교 3학년부터 중학교 2학년 때까지였던가. 나는 우리 군의 고전 읽기 선수였다. 나중엔 글짓기 선수까지 했으니 교내 행사가 없었는데도 갑자기 조회대 위에 시상대가 놓이면 그날은 영락없이 내가 상을 받는 날이었다. 고등학교 다닐 때는 적어도 한 학기에 도 단위 문예 행사에서 장원급 정도의 입상을 해야 사정을 통과할 수 있었던 문예 특기 장학생을 3년 동안 유지했으니 부모님은 이런 자식을 대견해하면서도 늘 걱정이셨다.

나도 대학까지 갈 생각은 안 했다. 아니 못했다. 그러다가 고등학교를 마칠 무렵, 아버지는 끝내 이농을 하여 식구들과 함께 김해로 내려 가셨고, 나는 시험이나 쳐 보자 싶어 한 달 공부 끝에 가장 등록금이 싸고 군대도 면제받았던 교대를 갔던 것인데……

숱한 사람들에게 술과 밥을 사고, 내 손으로 직접 해 주기도 했지만 정작 내 아우에게는 제대로 밥 한 끼 지어 준 적이 없다. 닭국을 끓인다.

두부 홍합국, 굴비 구이, 전복장

이팝나무, 꽃 같은

뉘이신가 이맘때쯤, 어디서 영문도 모르게 죽어 제삿밥 한 그릇도 못 얻어 드실, 이 땅 귀신 제위께 모락모락 하얀 이밥을 지어 바치시는, 저 극진한

시, 딱 한 편만 써서 태워 올리고 죽었으면

_시집 《별을 의심하다》에서

시가
곧 밥이니

이팝꽃이 한창 보글보글 끓고 있다. 조팝꽃은 벚꽃과 함께 어우러져 피지만 이팝나무 꽃은 그보다 조금 늦은 보리 팰 무렵에나 핀다. 하필 쌀밥처럼 생긴 꽃이 그때 피어 보릿고개의 허기를 더 부추기곤 했으니……. 그래서인가. 이팝꽃은 뭔가 사회 경제적, 또는 역사적 함의를 지닌 식생으로 여겨진다.

돌이켜 보면, 나는 전라도에 아무런 연고도 없고 운동권 출신도 아니지만, '광주'는 이십 대 이후 내 정치 의식과 삶에 지배적인 영향을 미치며 작용해 온, 이를테면 정치적 원죄 의식 같은 것이었다. 그래서 '광주'는 소위 486으로 대변되는 반독재 민주화 세대의 의식 코드였던 셈인데…….

대학 다닐 때 학군단 교관이 광주 진압 부대 중대장을 지냈다면서 무용담을 늘어놓곤 하면 공연히 반발감이 치솟았다. 광주에 대해 아무것도 몰랐던 때였다. 그런데도 가슴을 짓누르는 답답함과 영문 모를 분노, 내 대학 시절의 팔 할, 적어도 칠 할은 술로 지샌 날들이었다.

광주의 실상을 알게 된 것은 교사로 발령을 받고 한 개척 교회에서 몰래 돌려 본 독일 기자의 필름을 통해서였다. 감은 잡았지만 발설은 할 수 없었다. 온 국민이 벙어리가 된 시대였으니까.

이팝꽃 흐드러진 이맘때쯤, 할 수만 있다면 수천, 수백 그릇의 하얀 고봉밥을 지어 구천을 떠도는 원혼들에게 지어 올리고 싶지만, 시인에겐 시가 곧 밥이니 시로 밥을 짓든지, 밥으로 시를 짓든지 오직 극진할 따름이다. 흠향!

오이냉국, 쑥 된장국, 가지전, 호박달전, 마늘쫑 김치

집

손에 든 꽃이 무색해라

일마치고 돌아오는
사람을 맞는

저기
꽃보다 환한

불빛

_시집 《별을 의심하다》에서

8

꽃보다 환한
불빛

집이 있는가?

일 마치고 돌아가면 몸과 마음 내려놓고 편히 쉴 수 있는 집이 있는가. 고단하지만 먼저 가서 기다리고 있는 누군가를 위해 꽃이라도 한 다발 사서 들어가고 싶은 그런 집이 있는가. 더 늦게 귀가하는 이를 위해 꽃보다 환한 등불을 켜 놓고 몇 번이고 국을 덥히는 사람이 있는 그런 집이 있는가.

때가 되면 모여든다고 '집集'이 아닐까, 이런 생각을 해 본 적이 있다. 그렇다면 결혼하고 애들 낳고 명색이 일가를 이루고서도 온 식구가 저녁

밥상에 둘러앉은 적이 있었던가.

아, 아무리 기억을 더듬어도 그런 저녁이 없었던 것 같다. 지난 대선 때 한 예비 후보가 내건 '저녁이 있는 삶'이 오히려 매우 현실적인 구호로 다가왔던 것도 이런 까닭에서이리라.

저녁이 없어졌다는 말은 가족의 일상이 사라졌다는 뜻이고, 가족의 일상이 사라졌다는 말은 곧 가족 공동체가 무너졌다는 의미다.

내가 이렇듯 혼자 먹는 '저녁 밥상'을 극진히 차리는 까닭도 저녁이 되면 두레 밥상에 둘러앉아 한 식구임을 확인하던, 그런 '저녁이 있는 삶'을 아직도 꿈꾸고 있어서다.

두레판 가운데는 된장 뚝배기가 우물처럼 놓여 있고, 그 위로 애호박 같은 달이라도 하나 쏙! 돋았으면 하는 저녁이다. 쏙으로 된장국을 끓였다.

물만두, 송편

추석

일흔 나이 불편한 몸보다

불편한 마음 때문이실까

끝내 아버지는 오시지 않았다

올해도 대추 밤 속살 달게 익고

산 들 가득 구절초 마타리꽃 우거져

추석날이 이리 환한데

아버지 오시지 않은 차례상

앞에서 목이 멘다

'이십 육대 종손' 말이 좋다

대학까지 나와서 제 밥줄 떼이고

마누라 밥줄에 매여 사는 자식

바라보기 민망스러워서일까

시퍼렇게 눈뜨고 살아

아직 사람 사는 격식 뻔한데

생전에 자식에게 제사까지

물려주어야 하는 섧게 늙은 나이

독새풀처럼 끈질긴 가난이 미워서이실까
생애 접는 늘그막까지 낯선 타향에서
명절 때마다 거꾸로 자식을 찾아와야 하는
기구한 운명이 치 떨리신 것일까

설날에도 음복 한 술 뜨지 않고
선길로 떠나셨던 아버지
끝내 오시지 않은 차례상 앞에서
아버지 대신 술잔을 올리며
오만생각 어지러이 헝클리어
길고 긴 하룻날이 모질다
해직의 잘린 목을 누르며
끝내 찾아드는

오늘 추석 밤도 문 걸어 잠그고
차마 보름달 볼 수 없다

_시집 《그곳인들 바람불지 않겠나》에서

내가 이렇듯 혼자 먹는 '저녁 밥상'을 극진히 차리는 까닭도
저녁이 되면 두레 밥상에 둘러앉아 한 식구임을 확인하던,
그런 '저녁이 있는 삶'을 아직도 꿈꾸고 있어서다.

집에서 휴대폰을
꺼 놓는 이유

결혼 전에는 아버지가 계시던 김해에 가서 기제사나 명절 차례를 지냈지만, 결혼하고는 장손인 내가 잠시 모신 적이 있다. 그래서 명절이나 기일이면 아버지께서 내가 사는 거창으로 오셨다.

밤늦게 올리는 기제사 때는 차편이 끊겨 어쩔 수 없이 단칸방에서 잠시 눈을 붙이시고 가셨지만, 아침나절에 지내는 명절 차례 때는 새벽차로 오셔서 차례상 물리자마자 휑하니 일어서 떠나시곤 하셨다.

당시 나는 해직된 상태였고, 아내와도 마찰이 잦았던 때라 이래저래 마음이 불편하셨으리라.

그렇게 두세 해 지냈던가. 아우가 결혼하고 나서는 기제사와 명절 차례를 모두 아우네로 보냈다. 그래서 지금도 나는 명절 차례나 기제사를 김해 아우네로 가서 모신다. 마치 생전의 아버지가 나를 찾아오셨던 것처럼

내막과 사정이 이러니 그때나 지금이나 말이 집안의 종손이고 장손이지 그 구실을 못하기는 마찬가지다. 그래도 이렇게나마 체면을 유지하고 사는 것은 순전히 이 형한테 한 번도 험악하게 대들지 않고 오히려 뒷바라지해 주며 묵묵히 집안일을 챙겼던 아우 덕분이다.

제수씨는 이런 집안 형편이 못마땅할 수도 있겠지만, 싫은 기색 없이 내게 늘 살갑게 대하며 따른다. 사업하는 아우가 집에만 들어가면 휴대폰을 꺼 놓는 것은 바로 이런 착한 제수씨에 대한 배려가 아닐까 싶다.

비빔 라면, 문어숙회

잠자리의 눈

그때,

하동 평사리 용이네 집이던가 섬돌에 우두커니 앉아, 바지랑대에
앉은 잠자리 눈과 딱 마주쳤는데,

적이 쳐다보다
눈물이 핑그르르 돌았다

이렇게, 누군가와 마주앉아 오래 눈을 맞춘 적이 없는 것이었다

_시집 《별을 의심하다》에서

누구를 위한
정치인가

아침에 일어나 밥 먹고 일터 나가거나 학교 가서 공부하고 저녁에 귀가해서 저녁밥 먹고 텔레비전을 보거나 책 읽고 잠자리에 드는 이것이 대개의 일상일 테다. 이런 일상을 함께하는 공동체 단위가 가족이다. 그러나 아무래도 낮 동안은 전업주부나 어린애를 제외한 가족 모두가 바깥에서 시간을 보내기 때문에 가족이래야 기껏 저녁 밥상에서나 서로 얼굴을 마주볼 수 있으리라.

평화란 가족이든 개인이든 저마다의 일상이 평온하게 유지되는 상태다. 우리가 전쟁을 두려워하는 까닭도 전쟁은 바로 이 일상성을 파괴하기 때문이다.

문제는 지금이 전시가 아닌데도 가족들과 최소한 저녁밥을 같이 먹는 정도의 일상성조차 보장받지 못한다는 데 있다. 정치가 무엇인가. 무엇보다 국민들이 각자의 자리에서 매일의 일상을 편안하고 안정되게 영위할 수 있도록 도와주는 일이다. 갈수록 일상이 팍팍해지는 건 그만큼 정치를 잘못하고 있다는 증거다.

 언제까지 국민을 위한 정치가 아니라 정치인, 자신들만을 위한 정치를 할 것인가.

혼자라도 이렇게 어김없이 밥상을 차리는 것은 아무도 챙겨 주지 않는 일상을 스스로 지키려는 의지이련만, 오늘따라 수저가 열 근이다. 일상의 무게가 갈수록 녹록치 않다.

손끝하나 움직이기 싫어 라면을 끓이다가 여기서 퍼지면 심신이 국수 가닥처럼 불어터질 것 같아 라면을 얼른 건져 찬물에 씻어서 열무를 넣고 비볐다.

라면 한 그릇이라도 누군가와 눈 맞춰가며 나눠 먹고 싶을 때가 있다.

서리태 밥, 홍합 미역국, 애호박전, 감자전,
모둠 나물(취나물, 표고버섯, 고사리, 도라지), 김구이, 돌돔 구이

아버지의 집

한 때,
아버지는 목욕탕 보일러공이었다

쉰 나이 넘어 논 팔고 집 팔아 이농을 하고
이 공장 저 공사판 떠돌다가
아버지는 예순 넘어 하필 남의 집 아궁이에
남은 생애의 집을 지었다

나이보다 팽팽한 얼굴에 통통한 몸집의
목욕탕 주인 과부는
걸핏하면 그 위태하기 짝이 없는
아버지의 집을 흔들어댔지만,

그래도 이만한 데가 없다며
아버지는 한사코
부들부들 떨리던 부지깽이와
부삽을 내려놓지 못했다
그런 밤엔 목욕탕 문간 옆 단칸방,
아버지의 집에는 송진 타는 냄새가 끓어올랐다
때로는 폐타이어 역한 냄새도 섞여
앙등을 하는 것이었는데,

교대를 졸업하고도 선생이 되지 못한 채
빌붙어 아버지의 청자 담배나 몰래
축내던 때, 나는 단 한 번도 그 집을
우리집이라 부르지 않았다

마침내
초등학교 교사로 정식 발령을 받고
이후 아버지도, 집도
까마득히 잊어버렸던 것이었는데,

그 세월 동안 남의 아궁이 앞에서

아버지는 가슴속에 얼마나 많은 집을 짓고,

또 태우셨을 것인가

모른다

위로 누나 넷을 낳고 늦게 장남을 본, 그

마흔 나이를 넘어 오는 동안

아버지도 가고, 아버지의 집도 재가 되어

하얗게 사라진 줄 알았는데,

이렇듯

나는 오래전에 아버지 대신

버젓이 주민등록상의 호주가 되어

새 집에 살고 있는데,

도대체 내 가슴에 아궁이처럼 시커멓게 입을 벌리고 있는

이 집은?

_시집 《아버지의 집》에서

과분한 유산

아버지마저 돌아가시고도 한참 동안 부모님을 원망하는 마음이 있었다.
아버지한테는 더 그랬다. 생전에 든든하게 뒤를 봐주시기를 했나. 그렇
다고 자식들 곁에 오래 머물러 주시길 했나. 자갈논 몇 마지기라도 물려
주시길 했나.

많지는 않았지만, 얼마간의 빚까지 물려주고 떠나신, 그래서 내
젊은 날은 아버지에 대한 여전한 반발과 오기의 세월이기도 했다. 그런
데 내 애들이 크고, 아버지가 나를 낳은 마흔 나이를 넘기고서야 아, 그게
아니라는 걸 깨닫게 되었다.

아버지, 아니 우리 부모님은 내게 아주 많은 걸 유산으로 물려주신 것이었다. 무엇보다 내게 어디에서도 남한테 의지하지 않고, 기 펴고 살 수 있는 독립심과 당당함을 남겨 주셨다. 나쁘지 않은 머리를 주셨다. 멀쩡한 사지를 주셨다. 잘 생기지는 못해도 남한테 불쾌감을 주는 정도는 아닌 얼굴을 주셨다. 그리고 '부당한 방법을 써서라도 남을 이겨야 한다'고 윽박지르지 않으셨다.

전교조 포기 각서를 쓰지 않고 끝까지 버틸 때도 아버지는 단 한마디도 나무라거나 만류하는 말을 하지 않으셨다.

무엇보다 어머니는 생명에 대한, 사람에 대한 연민의 마음을 주셨다. 무욕의 마음을 주셨다. 늘 "사람한테 못할 짓 하지 마라.", "잘했다. 그 정도면 됐다."고 말씀하셨으니…….

오늘은 그런 내가 세상에 태어난 날이다. 아니, 어머니, 아버지가 그런 나를 세상에 내어놓은 날이다. 아무래도 나는 두 분에게 너무 과분한 유산을 물려받았다.

🍲 건진 국수

건진 국수 _ ① 멸치, 다시마, 표고버섯 등으로 국물을 만들어 식혀 둔다. ② 채 썰어 놓은 밀가루 반죽을 삶아 건진다. ③ 건진 국수를 식혀 둔 국물에 말아 고명을 얹어 낸다.

당숙모

그러니까 당숙이면 종조부의 피붙이라는 얘긴데, 내가 어렸을 때도 종조부를 본 일이 없거니와, 이미 일가를 이룬 당숙이 따로 종조부의 제사를 모시는 일 또한 본 일이 없다

얼핏 듣기로 소싯적부터 함양오가 수오당공파 이십오 대 종손인 아버지 집에 들어와 친형제처럼 지내다가 장가들고 분가했다는데,

나하고 열여섯 살 터울인 큰누나보다 예닐곱 살쯤 위인 당숙은 제사 때면 늘 밤 치고, 상 나르는 일만 하다가 음복술에 취하기라도 하면 온 동네가 시끄럽도록 형수인 어머니에게 행패를 부리고, 결국은 아버지에게 귀싸대기를 얻어맞고는 한쪽 구석에 찌부러져 곯아떨어지기 일쑤였다

어머니가 환갑 나이가 못되어 돌아가시고, 마치 제 어미가 죽은 듯 목을 놓던 사람이 바로 당숙이었는데,

정작 어린 내 눈길이 꽂힌 곳은 늘 이런 사태에 어쩔 줄 몰라 하며 몸만 부들부들 떨고 있는 당숙모였다

담장 밑 장독대, 누군가가 던진 돌멩이에 주저앉은 장독을 안고 하얗게 질려있는 수국 같은

아, 입에만 올려도 눈물이 핑 도는 당숙모

_시집 《별을 의심하다》에서

혼자라도 이렇게 어김없이 밥상을 차리는 것은 아무도 챙겨 주지 않는 일상을
스스로 지키려는 의지이련만, 오늘따라 수저가 열 근이다.
일상의 무게가 갈수록 녹록치 않다.

수국과
당숙모

근래에 까마득히 잊고 있었던 두 개의 낱말을 한꺼번에 되찾았다. 하나는 안도현 시인이 한겨레 기명 칼럼 〈안도현의 발견〉에서 안동 '건진 국수'를 소개해서 찾은 '건진 국수'다. 그렇다면 '지물 국수'도 있지 않을까 싶어 인터넷 검색을 했더니 정말 '지물 국수' 또는 '제물국수'가 있었다. 그렇게 찾은 이름이 바로 '지물 국수'다.

어릴 적 기억을 더듬어 보면, 서북부 경남에서는 국수를 조리 방법에 따라 건진 국수와 지물 국수로 나눴다. '건진 국수'는 말 그대로 국수를 삶아 건져 따로 만들어 식힌 국물에 말았던 국수이고 '지물 국수'는 김치나 멸치를 넣어 우린 그 국물(제 물)에 끓인 국수다. 어탕 국수가 대표적인 지물 국수인 셈이다. 지금도 함양이나 거창에 가면 어탕 국수를 파는 곳이 더러 있다.

건진 국수든, 지물 국수든 입맛 없는 시절엔 국수라도 목구멍에 넘겨서 한 철 넘겨보는 것이다. 국수를 거꾸로 읽으면 수국이다.

당숙모를 떠올리게 하는 꽃, 수국!

내겐 당숙모가 한 분 있는데 어릴 적 명절이나 기제사가 닥쳐 집안 식구들이 함께 모일 때면 단연 눈에 띄게 젊고 예쁜 여자가 당숙모였다. 촌수 탓이기도 하겠지만, 그 당숙모와 당숙은 우리 집안에서 늘 국외인처럼 겉돌았다. 아버지나 어머니나 삼촌이나 숙모는 어땠는지 모르겠지만 나와 동생은 숙모보다 당숙모에게 오히려 친근감을 느끼며 따랐는데, 어쩌면 당숙모 스스로 그런 거리를 유지하려 했던 것 같다.

문득 생각난 듯 국수를 마는 저녁, 머릿속에 수국이 뭉실뭉실 피어올라서 말이다.

안의 피순대와 피순대국

풍뎅이 _독자동 친구들에게 2

독자동을 떠올리다 보면, 생각의 길목에 드리워지는 그림자 하나,
마을 입구엔 수령이 오백 년이 넘는다는 느티나무가 버텨 서 있었지
장골 네댓 명의 양팔 벌림으로도 다 안을 수 없을 만큼 큰 둥치와 거
미줄처럼 얽혀 뻗은 가지에 수많은 잎들과 벌레들을 키우던 그 느티
나무는 전설처럼 깊은 그늘을 품안에 드는 모든 이들에게 공평하면
서도 넉넉하게 나누어 주었네 그러나 세상일은 그렇지 못했던 듯 어
른들의 막걸리시국담은 종종 원성으로 붉어지고, 우리들은 그 옆에서
고누놀이며 공기받기도 하다가 시들해지면 풍뎅이를 잡아 뒤집어놓
고 고무신짝을 두드려가며 돌려댔지

그런 우리가 어른이 되고, 세상 한복판에 살면서 어릴 적 그 풍뎅이처
럼 누군가에게 뒤집혀 빙빙 휘둘리는 기분, 이렇게 가끔씩 드는지 몰라

_시집 《혼자 먹는 밥》에서

13

입구 열쇠와
출구 열쇠

지난 주말, 동창 모임이 있어 고향에 갔다가 화림동에 들렀다. 초등학교 때 자주 소풍을 갔던 곳이다. 안의계곡은 세 개의 계곡으로 이뤄져 있어 흔히 안의삼동이라 부른다. 암반을 따라 농월정, 동호정, 거연정이 육십령 쪽으로 줄지어 있는 화림동, 용추사 쪽에서 북상 월성계곡 쪽으로 이어지는 심진동, 반대쪽 위천 수승대 쪽에서 월성계곡으로 넘어오는 원학동이 바로 안의삼동이다. 언젠가 행정 구역을 개편하면서 안의를 반으로 쪼개 지곡, 수동 쪽을 함양에, 마리, 위천, 북상 쪽을 거창에 붙여서 지금까지 내려오고 있다.

안의계곡에서 가장 빼어난 정자인 농월정은 몇 년 전에 어느 '정신 나간 사람'이 기름을 끼얹고 불을 싸질러 지금은 형체도 없이 사라졌다. 알고 보니 그게 국가 소유의 문화재가 아니라 일개 문중의 재산이었단다. 문중 사람들 사이에 다툼이 있었던 건지……. 하긴 국보 1호조차 불태우는 나라가 아닌가.

시월유신이 단행된 해가 1972년이었으니 내가 초등학교 4학년 때였다. 그 무렵에 이런 노래를 불렀던 기억이 난다. "시월의 유신은 김유신과 같아서 삼국 통일 되듯이 남북통일 되어요."

지금 생각하면 유치하기 짝이 없는 가사지만 그때는 이런 노래를 아무 생각 없이 따라 불렀다. 초등학생이 무슨 의식이 있었겠는가. 그런데 40년이 더 지난 지금에 와서 "유신 때가 더 좋았다."고 말하는 사람은 도대체 뭐란 말인가. 그냥 '정신 나간 사람'의 헛소리로만 여겨 넘기기엔 상황 맥락이 심상치 않다. 만약 시간의 수레바퀴를 '그때 그 시절'로 되돌리려는 것이라면 그 파국까지도 똑같이 되풀이될 수 있다는 사실을 왜 모른단 말인가.

 한 시대를 여는 입구의 열쇠는 위정자가 가질지언정 출구의 열쇠는 늘 국민이 쥐고 있었다.

나물 비빔밥, 탕국, 수조기구이, 두부전

어머니를 보내며

간다 어머니

한 많은 오십 여섯 고개

꽃상여 타고 넘는다

살아 꽃 한 송이 머리 꽂아

웃음 밝힐 날 없더니

죽어 온몸 너울너울

꽃치장하고 울 어머니

고향 와 저승길 간다

오르고 내리는 길

들어가 나오는 길

이승길만큼 힘든 고개 넘어

쉬어서 갈거나

여기 이승의 마지막 개울물

저승의 첫 개울물

살아 바깥세상 떠돌며

바람 들어 시린 다리

이 고향 물 담가보자

늘 가슴으로 와서 넘치던 물

발끝 하나 적시지 못하고

저승길 인심도 무정하다

손잡아 울어 주는 이 없는

울 어머니 고향길

간다 여기저기 가을꽃

이승의 꿈 언저리를 간질이던 고향꽃

이리도 저승길 환하게 밝혀

간다 어머니

끝내 살아 밟지 못한 땅

죽어 고향길 간다

시퍼렇게 살아 저승길 간다

_시집 《그곳인들 바람불지 않겠나》에서

한 시대를 여는 입구의 열쇠는 위정자가 가질지언정
출구의 열쇠는 늘 국민이 쥐고 있었다.

며느리 손으로
지은 밥 한 그릇

헛제삿밥은 말 그대로 제사를 지내지 않은 제삿밥이다. 제사 지낸 늦은 밤, 또는 이른 아침에 나눠 먹던 음복 음식 맛을 살려낸 밥상 차림인데, 안동 헛제삿밥이 유명하다. 하회마을 초입에서 한 번 쯤 맛봤을 테다. 진주에도 월아산 청곡사 입구에 헛제삿밥을 팔던 식당이 하나 있었는데 요즘은 어떤지 모르겠다.

제삿밥은 뭐니 해도 젯밥에 오색 나물을 올리고 탕국을 두어 숟갈 넣어 함께 비벼 먹는 데 그 묘미가 있다. 어릴 때 자다가 일어나 무슨 맛인지도 모르고 꾸역꾸역 넘기던 그 제삿밥이 이제 추억의 음식으로 상품화되다니…….

늘그막 타관살이로 얻은 병마를 끝내 이기지 못하고 돌아가신 어머니의 마지막 소원은 '며느리 손으로 지은 밥 한 그릇' 얻어 자시는 것이었다. 그래서 서둘러 약혼까지 했던 것인데……. 결국 어머니는 내 약혼식 사진에 힘겹게 웃는 모습을 마지막으로 남기시고 그해 겨울에 올리기로 했던 아들의 결혼식을 보지 못한 채 눈을 감으시고 말았다.

그렇게 '며느리 손으로 지은 밥 한 그릇' 얻어 드시지 못하고 눈감고서야 고향에 돌아와 한 평 땅에 몸을 뉘신 때가 바로 어제였다. 내가 스물네 살 되던 해, 구절초, 쑥부쟁이가 고향 안산에 지천으로 피던 가을이었다.

끝내 챙겨드리지 못한 '며느리 손에 지은 밥 한 그릇'은 두고두고 불효자식의 죄의식이 되고 있다. 그러고 보니 어머니 없이 살아온 세월이 어머니와 함께 살았던 세월보다 더 길어졌구나.

절편, 막걸리

첫눈

모두들

여기까지 오시느라

수고 많았습니다

앞으로 갈 길 또한 먼데

고단한 여장 잠시 내려놓고

국밥 한 그릇 참이라도,

염치없이 욕심 좀 부린다면

담배 한 개비 짬쭘 더 내서

내리는 첫눈

느긋이 보며, 그렇게

좀 쉬었다 갑시다

_시집 《혼자 먹는 밥》에서

'정의사회 구현' 시대

여태 살아오면서 술을 가장 많이 마신 때가 대학 다니던 시절이 아닌가 싶다. 그땐 술이래야 대개 식당에서 공짜 안주로 마시는 막걸리였는데, 술을 마시지 않은 날이 거의 없었다. 낮술도 예사였다. 어느 정도 마셨냐 하면 그렇게 안주 없이 마신 외상 술값이 졸업 무렵엔 무려 백만 원이 넘었고, 월급날이면 택시를 '대절'해서 외상 술값을 '수금'하러 다니던 버들식당 쥔장이 차압한 제대증을 찾기 위해 졸업하면서 얼마를 갚고도, 몇 년 동안 박봉을 쪼개 갚았으니 말이다. 이것저것 '공제'하고 나면 월급이 이십만 원도 채 안 되던 시절이었다.

나는 이른바 '81학번'이다. 당시 교대가 2년제였기 망정이지 4년 동안 그렇게 마셨더라면 아마 일가도 이루기 전에 패가망신했든지, 폐인이 되었든지 했을 테다. 졸업하고 발령 받고서도 그 주력은 여전했으니……. 하긴 5공이 막 출범한 1981년부터 1987년 민주화 항쟁이 일어나기까지 그 암울한 시기를 술이라도 마시지 않았으면 어떻게 견뎌냈을까, 이렇게 스스로 위로해 보기도 한다만.

내 생애에서 술을 가장 많이 마셨던 그때, 대통령이 전두환이고, 전두환의 5공이 내건 슬로건이 '정의사회 구현'이었다. 그리고 당시 신군부가 주축이 된 여당이 '민주정의당'이었고, 5공 청문회에서 그 전두환을 매섭게 몰아붙여 일약 스타로 떠올라 마침내 대통령까지 된 분이 바로 노무현이다.

참여정부 대변인이었던 천호선이 '진보정의당'에서 '진보'를 뺀 '정의당'의 대표가 되었다고 들린다. 정의당이 추구하는 정치적 지향이 설마 '정의사회 구현'은 아닐 텐데, 하필 당명이 '정의당'이라니, 다만 역사의 아이러니로 보아 넘기기엔 어느 당이랄 것 없이 하나같이 지질하고 비루해 보여서 말이다.

그때나 지금이나 '정의사회 구현'은 말잔치일 뿐이고, 사는 일은 여전히 팍팍하지만, 그래도 첫눈 내리는 이런 날엔 잠시 퍼질러 앉아 국밥이라도 한 그릇 뜨겁게 말고 볼 일 아닌가.

2

너무 달거나 너무 쓰거나

🍲 소라 해조 비빔밥, 바지락국

소라 해조 비빔밥 _ ① 파래, 가사리, 김, 매생이 등 마른 해조를 달군 솥에 살짝 덖는다. ② 진간장, 물엿, 참기름, 통참깨를 물에 타서 묽은 비빔장을 만든다. ③❶에 부추와 청양 고추를 잘게 썰어 넣고 ❷를 끼얹어 가며 버무린 다음 삶아 놓은 소라와 함께 밥에 얹어 낸다.(❸의 과정은 빠를수록 좋다)

길 떠나는 이를 위하여

뒤돌아보지 마시게

선길로 쭉 걸어가다가

돌부리에 걸려 넘어지더라도

앞으로, 언덕길에서 미끄러지더라도

앞으로, 곧장 앞만 보고 가다가

누군가 뒤에서 나를 보고 있을 거라는

연민도 집착도 싹둑싹둑 잘라 버리고

앞만 보고 가다가

어떻게 걸어 왔는지조차도

되돌아볼 것 없이

앞만 보고 가다가 행여

외로움이든지 그리움이든지

사무쳐 환장이라도 들거든

그냥 아주 잠시 무릎 세워 엎드렸다가

그래도 곧장 일어나 앞만 보고 가다가

때로 너무 멀리 온 것이 아닌가,

생각이 들더라도 머뭇거릴 것 없이

앞만 보고 가다가, 마침내

되돌아볼 미련이나

나아갈 오기마저 스러져

모든 길들이 환하게 사라졌을 때

거기 먼저 온 한 사람이 기다리고 있을 것이네

혹은, 먼저 피어 있는 꽃이든지

_시집 《등뒤의 사랑》에서

참기 힘든 시간을 극복하는 길은 오직 새로운 사랑밖에 없다.
새로운 사랑은 새로운 길을 열어 줄 테니까. 다만, 두렵다고?
지금 집착하고 있는 그 길도, 그 사람도, 그 사랑도 그땐 새로운 길이 아니던가?

오기는
힘이 없다

'오기'로 산다는 사람들이 있다. 그런 사람은 오기라도 없었으면 지금까지 살아내지 못했을 거라며 마치 '오기는 나의 힘'이라고 믿는 것 같다. 물론 극한 상황이란 누구나 맞닥뜨릴 수 있는 것이면서도 저마다 양상과 정도가 다를 수 있는지라 일반화해서 말하는 건 무리일 수 있겠다.

극한 상황에 굴복하는 건 말할 나위가 없고, 오기로 버티는 일도 사실은 그 상황에서 벗어나는 길이 아닐 테다. 오기로 버티는 그 시간은 새로운 시간이 아니라 극한 상황이 그대로 이어지는 시간이니 말이다.

오기라는 감정은 부정적인 대상이 있기 마련인데, 오기로는 이런 미움과 경쟁의 상대를 극복할 수 없다. 오기는 어떤 대상에 대한 종속 의지일 뿐만 아니라 그 대상에 집착하는 마음인 탓이다. 오기는 자신의 삶을 주체적으로 밀어 가는 힘이 될 수 없다는 얘기다.

참기 힘든 시간을 극복하는 길은 오직 새로운 사랑밖에 없다. 새로운 사랑은 새로운 길을 열어 줄 테니까. 다만, 두렵다고? 지금 집착하고 있는 그 길도, 그 사람도, 그 사랑도 그땐 새로운 길이 아니던가?

길 떠나는 세상의 모든 새로운 사랑을 위하여 소라 해조 비빔밥 한 그릇 올린다. 나날의 삶이 처음인 듯 경이롭길 빈다.

문어 두부국, 고들빼기김치, 호박달전

고들빼기김치, 같은 시

한번쯤, 생의 쓴맛을 다디달게 버무려 내거나

단맛에 현혹되지 않도록 쓰디쓴 날들을 더러는, 되씹어보거나

아직,

내 시는 너무 달거나, 쓰거나

_시집 《별을 의심하다》에서

얼마나
더 써야

나이가 든다는 것을 여러 현상으로 설명할 수 있겠지만, '허용'과 '인정'이 많아지는 것도 그 중 하나가 아닐까 싶다. 젊었을 때는 도저히 용납하거나 인정할 수 없었던 일이 이제 그러려니, 또는 그럴 수 있겠거니 할 때가 많다.

물론 인정의 대상은 '사람'보다도 대개 '사람이 하는 일'이다. 이처럼 어떤 사안이든 두루 용인하게 되는 것은 그 일 자체에 대한 기대치가 낮아지거나 기준이 느슨해졌다기보다 자기와 다른 기준도 허용하고 인정하는 데서 가능해진 것일 테다.

그렇다고 자기 나름의 원칙이나 기준을 아예 포기하는 건 아니리라. 자신의 정체성에 관련된 소신과 원칙, 곧 살아오면서 일관해 온 삶의 철칙은 쉽사리 포기되는 게 아니니까. 다만 나와 '같음'만 받아들이다가 나와 '다름'도 허용하는 차원일 것이다. 이렇게 타자의 기준이나 입장도 인정하고 자아의 원칙도 지켜야 마땅한데, 그게 어디 나이만 먹는다고 쉽게 되는 일이던가.

이즈음 논두렁이나 밭두렁의 고들빼기 뿌리가 제법 토실하니 살이 쪘을 테다. 마른 풀잎을 헤치고 뿌리째 캔 고들빼기의 쓴 물을 우려내서 김치를 담그면, 쓴듯하면서도 다디단, 단듯하면서도 쓰디쓴 맛이 가히 오묘하다.

삶도 시도 얼마나 더 살고 더 써야 이 경지에 이를 수 있을까.

우리밀 만둣국, 고추 장아찌, 총각김치

그런날

누군가에게 팔짱을 내주고 싶은 날

그리하여 이따금 어깨도 부대끼며

짐짓 휘청대는 걸음이라도

진심으로 놀라하며 곧추세워주기도 하면서

그렇게 발걸음을 맞춰 마냥 걷다가

따뜻한 불빛을 가진 찻집이라도 있다면

손잡이를 함께 열고 들어서서

내 얘기보다 그의 얘기를

더 많이 들어주고 싶은 날

혼자 앞서 성큼성큼 걸어온 날이

누군가에게 문득 미안해지는 날

_시집 《아버지의 집》에서

"저 결혼해요."

얼마 전 인터넷에서 '죽어서 주는 것'과 '살아서 주는 것'의 차이를 돼지
와 소의 우화를 들어 얘기하는 것을 읽었다. 요지가 이랬다.

"돼지는 죽어서야 살코기든 내장이든 피든 뼈든 사람에게 다
주는데, 소는 살아서도 사람들에게 우유를 주니 둘 다 주는 것
이긴 하지만 그 의미나 가치가 전혀 다르다. 그래서 사람들이 소를 더 예
뻐하고 귀히 여긴다."

일리 있는 얘기다 싶었다. 물론 순전히 사람의 입장에서 본 시각이긴
하지만. 이야기의 속뜻은 이미 자기에게 아무 소용없는 것을 주는 것은

사실 베푸는 것이 아니라는 것일 테다. 말하자면 '자신에게도 필요한 것이지만 나보다 더 절실히 필요한 사람에게 선뜻 줄 수 있어야 진정으로 베푸는 것'이라는 뜻이다.

그렇다면 나는 내가 가장 아끼는 것을 누군가가 필요로 한다면 선뜻 내줄 수 있는가? 부끄럽게도 자신할 수 없다. 설령 누군가에게 내가 가장 아끼는 것을 내놓을 수 있을지라도, 필시 그 '누군가'는 '아무나'가 아니라 내가 가장 아끼는 것을 줄 수 있을 만큼 내가 아끼는 사람일 것이므로.

그림자처럼 늘 내 뒤만 따라다니던 여자가 어느 날 말했다.

"저 결혼해요."

🍲 누룽지 삼계탕, 수삼 튀김

누룽지 삼계탕 _ ① 불려 둔 누룽지를 푹 끓인다. ② 미리 삶아 손질해 놓은 닭고기
와 수삼을 넣고 다시 끓인다. ③ 소금으로 간을 맞추어 살짝 끓여 낸다.

내가 미조리에 가는 이유

지금,

누군가

사람 때문에

절망하고 있다면

그 사람을

잊어버리면 그만이다

잊어버리는 일이

죽는 일보다 어려우시면

굳이 잊으려 말고

그 사람을 사랑하면 그만이다

그래도 사랑하는 일이

죽는 일보다 힘드시면

그 사람을 가슴에 품고

죽어버리면 그만이다

그러나 죽기 전에 꼭

남해 미조리에 한 번 가보시라

거기 누구 한 사람

만나게 되면

그리곤 죽든지 말든지

나는 모를 일이다

_시집 《등뒤의 사랑》에서

“백성은 물이요, 임금은 물위의 배에 지나지 않는다.
배는 모름지기 물의 이치를 알아야 하며 물을 두려워해야 한다.”

배는 물을
움직일 수 없다

"백성은 물이요, 임금은 물위의 배에 지나지 않는다. 배는 모름지기 물의 이치를 알아야 하며 물을 두려워해야 한다."

남명 조식 선생의 말씀이다. 다시 촛불 시위대에 물대포를 쏘고 시민들을 연행했다는 소식이 들린다. '물이 배를 움직이는 것이 아니라 배가 물을 움직이려 드는' 형국이다.

남명의 수제자로 남명문인록 첫머리에 이름을 올린 덕계 오건 선생이 우리 '함양오가' 중시조이다. 임란이 일어나자 조정 중신들은 임금을 모시고 모두 의주로 도망갔지만, 평생 벼슬길에 나가지 않았던 남명의 문

하생들은 붓 대신 창을 들고 일어나 의병을 일으켰다. 곽재우, 정인홍, 김
면, 조종도 등이 그들이다.

"자전(慈殿, 임금의 어머니)께서는 생각이 깊으시기는 하나 깊숙한 궁중
의 한 과부에 지나지 않고, 전하께서는 어리시어 다만 선왕의 한 외로운
아드님이실 뿐이니, 천 가지의 천재天災와 억만 갈래의 민심을 어떻게 감
당하고 수습하시겠습니까."

'내 말이 틀리다면 도끼로 내 머리를 치라'며 '지부상소'를 올리던 남
명이 오늘 이 시국을 당했다면 어떻게 처신하실까?

마음이 벼랑에 설 때면 해남 땅끝을 가곤 했었다. 지금은 남해
미조를 간다. 땅끝과 미조는 내겐 끝점이자 시작점이다.

멸치 두부조림, 시래기 국, 콩잎 장아찌

멸치

제 한 몸 뼛속까지 우려 세상을 그윽하게 하는 멸사봉공, 그 극치

_시집 《별을 의심하다》에서

와불과 멸치

이 절 저 절 다녀봤지만 일부러 짬을 내서 거듭 찾아간 절을 꼽자면 김천 청암사, 사천 다솔사, 그리고 화순 운주사 정도다.

운주사엔 참 벼라별 부처들이 다 있다. 코가 깨진 부처, 귀가 닳은 부처, 얼굴이 뭉개진 부처, 머리만 남은 부처, 몸통만 있는 부처, 서 있는 부처, 앉아 있는 부처, 누워 있는 부처…….

이 가운데서도 운주사의 대표 부처라면 역시 와불이다. 와불은 동남아시아권에서는 흔히 볼 수 있지만 우리나라를 포함한 동아시아에서는 보기 드문 불상이다. 누워 있는 모습이야 열반상으로 이해할 수 있겠으나 왜 하필 남자 부처와 여자 부처로 여겨지는 두 부처를 나란히 눕혀 놓았을까? 와불은 민중 불교, 즉 미륵 신앙과 연관이 있는 것으로 알고 있다. 그렇다면 누워 있는 운주사의 두 와불은 새로운 세상을 열 부처님의 탄생에 대한 염원을 형상화한 것이리라.

예나 지금이나 세상이 힘들수록 새로운 지도자의 출현을 기대하는 마음이야 당연하겠는데, 운주사 와불은 어찌 저리 무심하게 천년 세월을 마냥 누워만 계시는 걸까.

마른 멸치를 으깨 넣고 조린, 어릴 적 어머니가 곧잘 해 주시던 멸치 두부조림이다. 그러고 보니 멸치만큼 식재료로 다양하게 변주되는, 융통성 있고 헌신적이고 향기롭고 큰 생선이 없지 않은가.

멸치 같은, 거인 한 분 곧 오시려나?

문어 호박국 수제비, 당귀 장아찌

착한 길

풀은

풀끼리 서로 길을 막아서는 법이 없더라

주남저수지에는 가래, 마름, 가시연꽃, 노랑어리연꽃, 물옥잠, 자라
풀, 생이가래……, 물의 천장을 덮고 있는 것들이 붕어마름, 물수세미,
검정말, 나사말……, 물속에 잠겨 보이지 않는 것들의 숨통을 선뜻 제
몸 비켜 열어주고 있더라

물 위에 나있는 저

착한 길들

_시집 《아버지의 집》에서

밥값하고
사나?

"요즘 너무 생각 없이 밥 하는 거 아냐?"

급식소 점심밥이 영 마음에 들지 않으면 어떻게든 자리를 만들어 영양 교사에게 이렇게 말하곤 했다. 금세 당황하는 빛이 역력한 그에게 "학교에서 애들 밥 먹이는 일로 밥 벌어먹고 사는 사람이 마땅한 철학이 없다면 시키는 대로 일하는 잡부이지 교사라 할 수 없는 거 아니겠나." 끝내 이렇게까지 몰아붙이고서야 너무 심하게 말한 게 아닌가 싶어 슬며시 말길을 딴 데로 돌리곤 했던 것인데…….

다행히 그 영양 교사는 내겐 제자뻘인 나이에다 두 군데 학교에서 함께 근무하며 오랫동안 마음을 터놓고 지낸 탓에 그런 일로 당장 틀어질 사이는 아니었지만, 지금 생각해 보면 나도 참 서툴고 모난 인간이었구나, 아무한테나 가르치려 드는 시건방진 버릇을 가졌구나, 싶어 낯이 뜨거워진다.

영양사가 교사로 신분이 바뀌면서 영양 교사도 수업을 해야 했기 때문에 수업 지도안 작성에서부터 수업 관리 통제 기술까지 특별히 마음 써서 수업 코칭을 해 주기도 했다. 그렇더라도 오늘날 누가 감히 영양 교사에게만 '철학 부재'를 따져 물을 수 있겠는가. 교수가? 정치인이? 기업인이? 언론인이? 종교인이?

그럼 나는 과연 교사로서 밥값을 하고 살았나, 내 험한 말에 한마디 대꾸도 없이 고개만 끄떡이던 그 영양 교사에게 문득 부끄러워지는 저녁이다. 밥값도 못하면서 후배들에게 걸림돌이나 되었다면, 참 아찔한 일이다. 이럴 땐 학교를 떠나오길 잘했다는 생각이 든다.

언제 전화라도 한 번 해 봐야겠다.

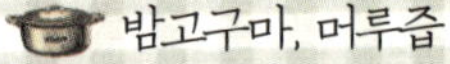 밤고구마, 머루즙

호미질

어린 날, 어머니와 고구마나 감자를 거두는 날이면

내가 캐는 것들은 하나같이 생살이 찍히거나

몸통이 잘려 허연 피를 쏟아냈는데

희한하게도 어머니의 호미 끝에

이끌려 나온 고구마와 감자들은

껍질 하나 다치지 않고 멀쩡했다

가만 보니 어머니는 호미 날을 수직으로

세우는 법 없이 멀찌감치 팔을 뻗어

마치 밭두둑을 싸안듯이 끌어당기는 것이었다

그 때, 그 어머니의 나이를

훌쩍 넘긴 이 나이에도

내 호미질은 서툴기만 한데

이런 내가 애 둘을 낳아 키우고

뻔뻔한 선생질을 하고 있다니

누군가의 호미질에 정수리를 내리 찍힐 일 아닌가?

_시집 《별을 의심하다》에서

예나 지금이나 세상이 힘들수록 새로운 지도자의 출현을
기대하는 마음이야 당연하겠는데, 운주사 와불은
어찌 저리 무심하게 천년 세월을 마냥 누워만 계시는 걸까.

아주 게으른,
짧은 여행

얼마 전, 재미있는 모임에 초대를 받았다. 대구의 한 문화 예술 단체에서 마련한 '오인태 시인과 함께하는 아주 게으른, 짧은 여행'이라는 제목을 내건 행사였다. '산장에서 늦잠 자기'라고 붙은 부제가 암시하듯 산장에서 늦게까지 '속닥속닥 삶의 이야기'를 나누다가, '클래식기타가 켜는 선율'에 젖었다가, 새벽녘이 되어서야 '바비큐로 포만해진 몸'을 뉘어 '해가 중천에 뜰 때까지 늘어지게 잔다'는 프로그램이었다.

그러고 보니 밤늦게까지 꼬물꼬물, 꼼지락꼼지락하다가 새벽녘에야 잠들어서는 해가 중천에 뜰 때까지 자다가 일어나서는 또 종일을 빈둥거려 본 적이 언제였던가 싶다. 충분한 휴식이란 바로 이 '빈둥거리는 경지'

에서 완전히 몸과 마음이 풀어져야 얻어지는 것일 텐데 말이다.

마침 기온이 갑자기 떨어져서 아쉽게도 모닥불에 고구마는 굽지 못했다. 고구마 하니까 생각나는 얘기가 있다.

'장학퀴즈'에 나갔던 경상도 학생이 고구마가 답인 것을 '고매'라고 답했다가 이를 아쉬워한 사회자가 "세 글자"라고 힌트를 주자 '아, 알았다'는 듯 "물고매"라고 자신만만하게 대답했지만 결국 오답으로 처리되었다는.

경상도 사투리에 빗대어 지어낸 우스갯소리인 줄 알았는데 실제 장학퀴즈에서 있었던 실화란다.

대표적 구황 식품이었던 고구마가 이제 섬유질이 풍부한 건강식품으로 각광받고 있는 걸 보면 세상이 변하긴 참 많이 변했다. 그러나 사람의 특성은 좀체 변하지 않는가 보다. 방언이란 그 지방 사람들의 고유한 성격을 반영한 것일 테니 말이다.

알고 보면 경상도 사람인 나도 성질이 꽤 급하다.

잔치 국수, 달랑무 김치

미조리 촌놈횟집

남해군 미조리
촌놈횟집에 와보셨는가.

아직은 청정 해역 미조 바다
지느러미 잔뜩 세운 수기미처럼
야성적인 주인 사내를 아시는가.
한때 오대양을 누비던 일등 항해사
손바닥 보듯 바다를 훤히 아는 바다 촌놈
지금은 그 바다의 가슴팍을 솜씨 좋게 저며내어
누구에게나 수북한 너털웃음과 함께
바다를 파는 것이 아니라
바다를 대접하는 진정한 바다 사내
박대엽이를 만나보셨는가.

민영, 신경림, 정희성, 황명걸, 김병익,

구중서, 도종환, 정호승, 채호기,

이명행, 김형수, 안도현 같은 문인도

영화감독 이장호, 이명세,

시사평론가 정범구도 다녀간

남해군 미조리 촌놈횟집

주인 박대엽이가 썰어내는 바다 맛을 보기 전엔

바다를, 생선회 맛을 얘기하지 마시라.

그리고, 죽을 생각도 하지 마시라.

촌놈횟집에 오시면

화장실에 주인 사내가

일주일에 한 번 정도 바꿔 붙이는

오인태의 시들도 꼭 읽어보시라.

시인을 팔면 돌멍게 한 접시

소주 두어 병쯤은 공짜로도 먹을 수 있으리라.

입맛도 없고 밥맛도 없는, 오늘 같은 날엔 멸치 푹 우린 국물에
국수 한 그릇 말면 그만인데, 이제 곧 멸치도 먹지 못할까 겁난다.

같이 죽자는
건가?

페이스북 친구이기도 한 동국대 의대 김익중 교수가 CBS '시사자키' 정관용과 나눈 라디오 대담에서 "일본 방사능 오염이 해결되기까지 최소 300년이 걸린다."고 한다. 일본이 사태 해결에 적극적인 의지와 진정성을 가졌다면 실상을 그대로 밝히고 각국에 도움을 요청해야 할 텐데 자료 제출까지 거부하고 있다니, 도대체 이 지구촌에서 함께 어깨 겯고 살고 있는 이웃 나라가 맞나 싶다.

더 심각한 건 정확한 자료 제출을 거부하는 도쿄전력이 밝힌 바로도 방사능에 오염된 물이 하루 300톤가량 바다로 새어나간다고 한다. 사고가 난 지 벌써 2년 반이 넘었으니 그 정도 누적된 양의

방사능 오염수가 지금 태평양을 흘러 다니고 있다는 게 아닌가. 그 해류가 시계 방향으로 태평양을 한 바퀴 돌아 우리나라 연근해로 흘러오는 시간은 빠르면 3년 정도로 추정돼 아직은 우리 연안까지 흘러오지는 않은 것 같다고는 하지만,

당장 문제는 일본산 수산물이다. "후쿠시마 원전 사태 발생 이후 전국 705개 초·중고교에 대구와 명태, 방어 등 일본산 수산물 2231㎏이 납품된" 사실이 드러나 충격을 줬다. 원전 사고가 나자 다른 나라들은 일본산 수산물 수입을 금지했지 않은가. 그런데 우리 경우는 수입이 더 늘어났다니 기가 막힐 노릇이다.

지난 정부에서도 30개월 이상 된 미국산 소고기를 세계 어느 나라도 수입하지 않는데 우리만 유독 수입해서 국민적인 저항에 부딪힌 일까지 상기하자면, 도대체 지금 우리에게 건강 주권이 있기나 한가 싶다. 그때 일본이 우리를 비웃던 일 기억하시는가?

입맛도 없고 밥맛도 없는, 오늘 같은 날엔 멸치 푹 우린 국물에 국수 한 그릇 말면 그만인데, 이제 곧 멸치도 먹지 못할까 겁난다.

청국장, 깻잎 장아찌, 당귀 장아찌, 가죽 부각

공생

살아 똥도 못쓰게 싸는 것들이 죽어서 썩기조차 불안해 단단한 곽
을 쓰고, 제 몸에 돋은 풀 한 포기 용납 못해 이렇듯 싹둑싹둑 잘라버
리는 일이 머쓱해서 깎다 만 봉분 돌아 슬쩍 엉덩이를 까는데, 정수리
에 뜨거운 것이 '뚝' 떨어져 쳐다보니

아, 하필 죽은 밤나무 둥치 끝, 뿌리도 없이 무성한 장대넝쿨 푸른
잎, 거기

_시집 《아버지의 집》에서

기분 좋으면
소고기 먹는다고?

해직 교사 시절, 지역 신문사 편집국장으로 일했던 적이 있다. 그때 편집 주간을 맡아서 같이 일을 하던 교수님은 고기라곤 입에 대지 않는 분이 었다.

처음엔 천성이 고기를 싫어하는 채식주의자인가 보다고 대수롭잖 게 여겼는데, 한 번은 고기를 많이 먹지 않아야 하는 이유를 환경 문제와 연관시켜 쓰신 칼럼을 읽게 되었다. 공감하여 복직해서 아이들을 가르치 면서도 그 분의 논리를 종종 수업 중에 펼치곤 했다.

이런 논지였다.

“환경 보존의 가장 좋은 방법은 적게 먹고 적게 쓰는 것이다.”

“너희들이 평생 먹는 소가 세 마리쯤 된다 치자. 소 한 마리가 먹는 풀을 최소한 10톤으로 쳐도 소 3마리를 먹는 것은 30톤의 풀을 함께 먹어 치우는 셈이다.”

그러면 아이들은 금세 눈을 똥그랗게 뜨며 놀라워했다.

이쯤 되면 이야기는 “이 풀들이 어떤 존재들이냐. 바로 우리에게 산소와 수분을 공급해 주고, 마침내는 제 몸을 통째로 동물들에게 먹이로 제공하는 것들이다. 이 풀들을 먹고사는 다른 동물들도 제 몸뚱어리를 더 큰 동물이나 인간에게 바치고 삶을 마감한다. 그런데 평생 수많은 식물과 동물들을 먹어 치우는 인간만 유독 이 생태계에 헌신하지 않고, 죽어서도 미라를 만들고, 화장을 해서 분해자인 미생물이나 생산자인 식물에게 전혀 도움을 안 준다.”는 데까지 나가다가 마침내 “나는 죽으면 수목장을 할 것이다.”는 자못 엉뚱하고도 비장한 선언에 이르기도 했다.

소고기 먹고 기분 낼 일만은 아니다.

우리밀 국수, 찐 옥수수

묘향산 바람방울

하, 바람방울이라니
방울이 된, 바람이든지,
바람에 흔들리는, 방울이든지
묘향산엔 바람방울이 있었네

보현사 대웅전 앞마당
8각13층탑 옥개석 추녀마다 맺힌 바람
방울,
실오라기 같은 산들바람에도 운다는, 그

이후,
내 몸 곳곳에 도꼬마리열매처럼 붙어와
바람 없는 날에도 '뎅' '뎅' '뎅'
울어대는데

_시집 《아버지의 집》에서

'다름'이
만든 차이

국수는 말마따나 '볼이 미어터지도록 끌어넣어야 제 맛'이다. 같이 밥 먹기 거북한 사람 가운데 한 부류가 국수를 먹을 때 국수 가닥을 젓가락으로 콩 가리듯 끼적대는 사람이다.

지난여름 베이징을 갔을 때도 가장 먹고 싶었던 음식이 국수였다. 내가 밥 양은 그다지 많지 않지만 어려서부터 국수를 좋아해서 삼시 세끼 모두 국수를 줘도 투정을 안 할 정도다.(물론 그런 적이 한 번도 없었지만) 그런 내가 미국산 소고기 파동 이후 소고기 육수를 쓰는 냉면은 아예 입에 대지도 않는다.

2005년 남북작가대회 참가자의 일원으로 평양에 가서 맛본 고려호텔 냉면과 옥류관 냉면 맛을 아직도 잊을 수 없다. 북쪽 사람들은 "나는 300그램 먹는다." "나는 400그램 먹는다."는 식으로 냉면의 양을 따진다.

그때 5박 6일의 북녘 땅, 거기엔 분명 같은 조국의 산이 있었고, 강이 있었고, 꽃이 있었고, 사람이 있었다. 다른 것은 사람의 생각뿐이었다. 이 '다름'이 긴 세월 동안 얼마나 크고도 많은 '차이'를 만들어왔던가.

어디 남북 사이만 그런가. 우리 남쪽 안에서조차 온갖 차이와 차별이 존재해서 도저히 같은 나라 국민이라는 사실이 믿기지 않을 정도다. 새들과 풀씨들만 자유로이 오가며 비슷한 풍토를 만들고 있을 뿐.

이렇게 투명한 날이면 아직도 묘향산 보현사의 그 맑은 바람방울 소리가 마음 자락을 가만 흔들어 놓는다. 어찌 국수를 말지 않으랴.

고춧가루 라면

라면같은 시

꼬이지 않으면 라면이 아니다? 그럼, 꼬인 날이 더 많았던 내 살아
온 날들도 라면 같은 것이냐 삶도 라면처럼 꼬일수록 맛이 나는 거라
면, 내 생은 얼마나 더 꼬여야 제대로 살맛이 날 것이냐 고속도로 휴
게소에서 이름조차 희한한 '생라면'을 먹으며, 영락없이

맞다, 생은 라면이다

_시집 《아버지의 집》에서

호모에스엔에스!

양념 스프와 건더기 스프 외에 고춧가루 딱 한 가지만 넣어서 라면을 끓여 보셨는가? 가장 흔하게는 콩나물부터 미역, 다시마, 파, 시금치, 무, 우거지, 냉이, 바지락, 오징어, 문어, 낙지, 송이까지 온갖 것들을 라면에 넣어 봤지만, 라면은 고춧가루만 넣어서 끓이는 게 깔끔하고 개운해서 좋다.

라면은 오직 한 가지, 삼양라면만 먹는다. 나는 그렇다.

우지 라면 파동, 그러니까 삼양 소기름 라면 파동이 일어난 해가 1989년 노태우 정권 때였다. 우지 라면 파동은 당시 값싼 식물성 팜유를 쓰던 딴 회사와 달리 삼양라면은 값비싼 소고기 기름으로 면을 튀겼는데, 이

소고기 기름이 공업용이라고 언론에 대대적으로 보도되면서 라면 시장을 독점하다시피 했던 삼양라면이 결국 주저앉고 라면 시장의 대권을 경쟁사에 내준 사건이다.

그 뒤 삼양이 쓴 소기름은 미국 가정에서도 쓰는 2등급 고급 기름으로 인체에 무해하다는 법원 판결이 났지만, 이미 삼양라면은 악덕 기업의 대명사가 되었고, MSG에 길들여진 소비자들의 외면 속에 라면 시장은 N사 독주 시대가 이어졌던 것이다. 한동안 아예 시장에서 종적을 감췄던 삼양라면은 미국산 소고기 수입 반대 촛불 집회에서 국민 라면으로 화려하게 복권했다. 핍박받는 시민들이 '맹박산성'에 맞서 핍박받던 삼양라면으로 '삼양라면 산성'을 쌓으면서다.

국민의 입맛조차도 정권에 의해 기획되고 조종되는 일은 여전한데, 권언유착이 더욱 노골화된 지금의 상황에서는 결국 스스로 아는 정보로 알아서 판단할 수밖에 없으니 SNS가 더욱 유용해질 수밖에.

오늘의 인류를 '호모에스엔에스'라고 한다면, 동의하시겠는가?

연포탕, 토마토 소박이, 마늘쫑 졸임

역공

어? 요놈 봐라

낙지는 접시에 흡반을 박고 필사적으로 버텼다 잘린 다리에서 나오
는 저 완강한 근육질의 저항이라니, 나무젓가락이 뚝 부러졌다 가까
스로 놈을 다시 집어 들어 기름종지에 처박자 대가리도 없는, 놈의 다
리가 정확히 내 숙인 낯짝에 기름방울을 튕기는 것이었는데, 누구인가

흐흐 고놈 참 고소하겠다

_시집 《아버지의 집》에서

위선과 위악

속내는 그렇지 않은데 겉으론 착한 체 하는 것을 위선이라 한다. 반면, 일부러 나쁜 척하는 것을 위악이라 한다. 위선이든 위악이든 타자로부터 자아를 보호하기 위한 일종의 자기방어 기제로 볼 수 있겠다.

위악적인 사람을 눈여겨보면 '나쁜 체' 하는 것 같지만, 사실은 나쁜 체하는 것이 아니라 '센 체'하는 것이라는 걸 알 수 있다. 자신이 약한 존재임을 알기 때문에 외부의 공격으로부터 자신을 방어하기 위해 짐짓 센 체하는 것이다. 위선도 알고 보면 '착한 체'하는 것이 아니라 '나쁘지 않은 체'하는 것이다.

이렇게 위악은 자신이 약하다는 것을 알면서 센 체 하는 것, 위선은 자신이 나쁘다는 것을 알면서 나쁘지 않은 척 하는 것이어서 자기 조절 기제가 되기도 한다. 그래서 사회적으로 순기능의 측면도 있다.

그런데 뭐가 문제냐고? 지금 한국 사회는 굳이 나쁘다는 걸 숨기지 않은 채, 드러내 놓고 나쁜 짓을 일삼는 게 공공연하고도 일상화되고 있다는 것, 이게 문제다.

"그래, 나 나빠. 어쩔래?"
"그래, 나 친일이야. 어쩔래?"
"그래, 나 불법했어. 어쩔래?"

어쩌긴, 연포탕은 가위를 들고 문어발 아니, 낙지 다리를 싹둑싹둑 잘라 먹어야지.

닭칼국수, 마늘쫑 장아찌, 오이소박이

닭칼국수 _ ① 닭을 삶아 잘게 찢어 둔다. ② 닭 삶은 국물을 소금으로 간해서 찢어 둔 닭살과 감자를 쪼개듯 잘라 넣고, 한소끔 끓고 나면 반죽해서 썰어 놓은 칼국수를 넣는다. ③ 대파와 애호박을 채 썰어 넣고 한소끔 더 끓여 달걀지단으로 고명을 얹어 낸다.

반응

화장지에 만년필로 시를 쓰던 때가 있었다

뾰족한 펜촉을 타고 흐르는

채 다듬어지지 않은 날선 말들을

말이 되기 전에 삽시간에

제 몸 속에서 지워버리던

그, 가장 부드러운 것의

무서운

_시집 《별을 의심하다》에서

사람 중심의 말

"아버님……, 열이 좀 있으세요."

나이가 제법 든 남자 분들이라면 병원에서 흔히 듣게 되는 말이다. 심지어 더 상냥한 간호사 아가씨는 "아버님……, 열이 좀 계세요." 이렇게 말하기도 한다.

이런 말을 들으면 어떤 생각이 드시는가. 아무렇지도 않으시다? 아버님이 계시는 게 아니라 열이 계시다는데?

예사로이 부려 쓰는 이런 물주 문장(물건이 주어가 되는 문장)의 연원은

사실 더 오래된 것이다. "애국가 제창이 있겠습니다." "교장 선생님 말씀
이 계시겠습니다." 그리고 다른 경우지만, "국민의례를 갖겠습니다." 다
들 이렇게 써 오지 않으셨는가.

이런 문장은 이렇게 고치는 게 맞다. "애국가를 제창하겠습니다." "교
장 선생님께서 말씀하시겠습니다." "국민의례를 하겠습니다." 이렇게 행
위의 주체를 사람으로 명확하게 해야 하는데 물건이나 행위를 주어로 하
다못해 극존칭을 예사로이 하니 말을 다루는 사람으로서 영 못마땅하다.

본디 우리말은 사람 중심 문장이다. 그런데 왜 이렇게 물건 중심 문장
으로 바뀌었을까? 언뜻 드는 생각엔 영어의 be 동사, have 동사 영향이
아닌가 싶다. 길게 말하면 '꼰대스럽다' 할 테고……,

벌써 여름으로 성큼 접어들었다. 닭칼국수로 두레밥상 한번 차려야겠
다. 손쉽게 빨리 해서 많은 사람이 먹을 수 있는 음식으론 닭칼국수 만한
게 없다.

황금 쌀밥, 물메기알탕

사십대에 내리는 눈

저게 다 쌀이라면 좋겠다
싶었던 때가 있었어요

저들이 모두 팔 걷어 부치고 나선
군중들이라면 얼마나 든든하랴
싶었던 때도 있었지요

지금은 무슨 생각을 하느냐구요?

깃털처럼 가벼운 몸짓으로도

참 푸근하게 덮어와

세상의 위안이 되는

저 눈송이처럼

사람들의 가슴 속에

알 듯 모를 듯 잠시 내려앉았다가

소리 없이 녹아지는

그런 생애이면 싶어요

_시집 《등뒤의 사랑》에서

닭칼국수로 두레밥상 한번 차려야겠다.
손쉽게 빨리 해서 많은 사람이 먹을 수 있는 음식으론 닭칼국수 만한 게 없다.

씹다 안 되면
끓여버려?

지금도 시국 관련 집회가 열리면 모인 군중의 규모를 두고 주최 측 추산, 경찰 측 추산, 그리고 언론이 보도하는 숫자가 다 다르지 않던가?

그 차이가 웬만하면 계산 방식에 따른 오차 정도로 여겨 넘길 텐데, 주최 측이 100만이라 하면 경찰은 50만, 주최 측이 1만이라 하면 경찰 측은 5000이라고 주장하니 언론은 아예 그 중간쯤으로 보도하기도 한다. 이게 다 '여론은 우리 편'이라는 여론전의 전략이기도 하겠지만, 숫자를 가지고 신경전을 벌이는 것은 결국 서로 기세 싸움, 즉 물리력으로 상대방을 제압하려는 일종의 우격다짐일 테다.

집회에서 나오는 주장의 내용이 아니라 모인 군중의 숫자에만 관심을 둔다는 것은 아직 우리 정치가 표를 세는 계수기 수준에 불과하다는 방증이다. 문제는 이 계수나 통계조차 입맛에 따라 조작해대기 일쑤라는 것이다. 흔히 하는 여론 조사를 곧이곧대로 믿으시는가?

어떤 설계나 기획을 위한 자료로서의 통계가 아니라 민심을 조작하고 호도하기 위한 통계라면, 그건 없느니만 못한 정도가 아니라 당연히 없어야 한다. 아, 그래서 요즘 일상이 되다시피 한 촛불 집회에 대해서는 방송이나 신문이 아예 언급조차 안 하는구나.

그러니, 그럼에도 텔레비전 수신료를 올려 달라?

실비집이나 막걸리집에 가면 어쩌다 밑반찬으로 삶은 물메기알이 나올 테다. 이게 오도독오도독 씹는 맛으로 먹지 사실은 별 맛은 없는데 알탕으로 끓여 봤더니 꽤 먹을 만하다.

씹다 안 되면 솥에 넣고 탕으로 끓여 버려?

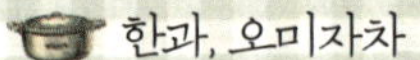 한과, 오미자차

희망사

이십 년이 넘어 거길 다시 찾아갔을 때,
교생실습을 하며 자주 담배를 사러 나섰던
때론, '새우깡'이나 '초코파이' 아마 그런 과자봉지들이
둥근 플라타너스 잎들과 함께 까르르
까르르 구르기도 했던 그 초등학교 교문통,
함석판에 페인트 글씨로 '문구 잡화 희망사'라고 쓴
구겨진 간판을 단 채
아, 아직 거기 희망사가 있었다

덜컹거리는 베니어 목재 문을 열고 들어서자
"젊은 놈이 먼 담배를 그리 많이 피노?"
하시던, 그땐 육순쯤이었을
팔순의 할머니가 방에 앉아 긴 담뱃대를 물고 있다
한참동안 그 모습 흘깃거리며
먼지 뽀얗게 둘러쓴 잡화와 문구들을 만지작거리는데
"야, 이놈아, 얼릉 담배 사고 문 닫어"
놀라 담배 한 갑을 사서

희망사, 그 찌그러진 문을 닫고 나선 것이었는데

_시집 《아버지의 집》에서

오랜 추억은 늘 이렇듯 어떤 일화와 맛에 대한 기억과
함께 한다는 사실을 새삼 확인하게 된다.

내 마음의
과자

과자에 대한 최초의 기억은 비과, 누가에 대한 것이었다. 아마 대여섯 살 쯤 되었을 무렵인 것 같다. 그때 평화봉사단으로 동네에 온 대학생들이 동구 느티나무 밑에 아이들을 모아 놓고 글도 가르쳐 주고 노래도 가르쳐 주고 했는데, 누나들을 따라간 나보고 같이 익힌 노래를 불러 보라고 하는 것이었다. 이런 가사였던 것으로 기억한다.

"귀여운 꼬마가 닭장에 가서 암탉을 잡으려다 놓쳤다네. 닭장 밖에 있던 배고픈 여우 옳거니 하면서 물고 갔다네. 꼬꼬댁 암탉 소리를 쳤네. 꼬꼬댁 암탉 소리를 쳤네. 귀여운 꼬마가 그 꼴을 보고 웃을까 울~까 망설였다네."

참 희한한 일이다. 학교에 들어가기도 전에 익힌 노래가 아직도 이렇게 또렷이 기억되고 있으니 말이다. 처음 맛본 과자 맛 때문이었을까? 아무튼 그때 이 노래를 부르고 상으로 받았던 게 바로 비과, 누가 과자였다.

학교 들어가서부터 먹게 된 과자는 크라운산도, 새우깡, 뽀빠이, 짱구, 초코파이, 에이스, 맛동산, 웨하스, 꿀꽈배기…… 이런 것들이었는데, 나는 아직도 파라핀 종이에 쌌던 비과와 누가의 이국적인 향과 달짝지근한 맛이 잊히지를 않는다. 예쁜 대학생 누나들의 몸에서 났던 좋은 냄새와 함께.

 오랜 추억은 늘 이렇듯 어떤 일화와 맛에 대한 기억과 함께 한다는 사실을 새삼 확인하게 된다.

3
—

'사람'이라 써 놓고 '사랑'이라 읽다

성게 비빔밥, 바지락국

미조바다

내가 오랜만에

그녀를 다시 찾았을 때

그녀는 갑자기

수다스러워졌다

그리고 사는 일에 사뭇

자신만만한 표정을 지어 보였다

익숙한 손놀림으로

저녁 식사를 준비하며

콧노래를 연신 흥얼거렸다

이내 그녀의 체취처럼

향긋한 해조류 곁들여

잘 저민 바다의 살점을

수북이 내오며

그녀는 그 속살처럼

하얗게 웃어 보였다

아, 사람을 사랑하는 일은

제 가슴의 살점을 도려내어

사랑하는 사람에게 바치는 일

차마 눈물겨워 그녀의

손 한 번 잡아주지 못하고 돌아왔다

_시집 《등뒤의 사랑》에서

중생이 아프면 보살이 아픈 것처럼
세계가 아프면 그래서 시인이 아픈 것이다.

세계가 아프면
시인이 아프다

소설 쓰는 사람을 소설가, 희곡 쓰는 사람을 극작가라고 하는데 왜 유독 시 쓰는 사람만 시인이라고 할까?

그 까닭은 작품 속 인물과 작품을 쓴 사람의 관계를 어떻게 보느냐와 관련이 있다. 무슨 말이냐 하면, 소설의 경우는 소설 속의 주인공과 소설을 쓴 작가를 별개로 보는 반면, 시는 시의 화자와 시를 쓴 시인을 동일화해서 본다는 것이다. 시의 화자와 시인을 동일하게 본다면 '문학은 허구'라는 문학의 본질과의 모순은 어떻게 설명해야 할까.

사실 산문과 시의 장르적 특질은 작중 인물과 작가, 시의 화자와 시인의 관계보다도 작가와 시인의 세계관의 차이에서 발생한다고 볼 수 있다. 소설이든 시든 글을 쓰는 자아가 있고 세계(대상)가 있기 마련인데 산문의 자아는 세계를 곧잘 대상화해서 보는 반면, 시의 자아는 본능적으로 세계를 자아와 동일화해서 본다는 것이다. 세계의 문제를 자아의 문제로 인식하는 것, 이것이 바로 시적 세계관이다. 실제로 시인은 세계의 문제를 자아의 문제로 껴안아 더불어 희로애락하고, 또 그러기를 기꺼이 자처하는 존재들이 아니던가.

중생이 아프면 보살이 아픈 것처럼 세계가 아프면 그래서 시인이 아픈 것이다.

그렇더라도 시의 화자와 시인을 완전한 동일체로 보는 것은 문학 본질적인 측면에서도 무리다. 문학의 본질은 허구에 있기 때문이다. 만약 시인의 시에 나오는 모든 시의 화자를 시인과 동일시한다면 오금이 저려서 어떻게 시적 상상력을 발휘할 것인가.

"시 속의 그녀가 도대체 누구냐?" "손이라도 한 번 잡아 주고 오지 그랬냐." 따위, 시인이 이런 세속적인 질문에 일일이 대답할 필요는 없다.

성게알은 김이 모락모락 나는 흰 쌀밥에 비벼야 제대로다. 느낌 알 것이다.

🍲 재첩 수제비, 간장 고추 장아찌

재첩 수제비 _ ① 재첩 알맹이만 넣고 끓인다. ② 끓는 국물에 소금으로 적당히 간을 맞추고, 밀가루 반죽을 납작하게 뜯어 넣는다. ③ 부추, 애호박, 풋고추를 썰어 넣고 한소끔 더 끓여 낸다.

적

작가수첩 받아 사람을 찾는데,
아는 이름 몇, 적에서 사라졌다

언젠가는 곳곳에 만들어 놓은 내 적이
총성 하나 없이 나를 제거할 것이다

그러게,
살면서 적을 만드는 게 아니었다

_시집 《별을 의심하다》에서

적敵은 적籍 안에
있는 법

우리는 살면서 도대체 얼마나 많은 적을 만들까. 태어나면서 호적에 이름을 올리는 것을 시작으로 초등학교에서 대학원까지의 학적부와 동창회 명부, 향우회, 동호회, 그리고 각종 단체와 계 모임에 이르기까지, 아무리 사회 활동의 폭이 좁은 사람이라도 최소한 열 손가락을 다 꼽을 정도는 이런저런 적에 이름을 올려 두고 있으리라.

어디에 적을 둔다는 것은 그 적을 같이 하는 사람과의 관계를 맺는 일이니만큼 관계를 어떻게 풀어 나가느냐에 따라서 친소 관계가 엇갈릴 테다. 최악의 경우 사뭇 적대적인 관계가 형성될 수도 있다.

물론 열 사람의 우군보다 한 사람이라도 적을 만들지 않으면 좋겠지만, 어디 그게 말처럼 쉬운 일이던가. 적敵을 만들지 않는 것은 적籍을 만들지 않는 일보다도 더 어려운 일일 수 있으니 말이다.

사람과의 관계에서 정 힘들면 '용서'라는 명분으로 마음에서 슬그머니 놓아 버리곤 하지만, 한참 동안 마음으로 용서하지도, 마음에서 놓아 버리지도 못하는 사람이 있었다. 그래도 시간이 흐르니 애도 증도 점점 희미해져 이제 존재감 자체가 별로 없다. 이런 경우는 놓아 버렸다기보다 잊은 것이라는 표현이 더 적절하겠다.

재첩 수제비를 끓였다. 하동 산지에서 재첩을 주문해서 냉동실에 넣어 놓고 먹는데, 맛도 괜찮고 간편해서 좋다. 특히 아침 국거리로는 그만이다. 여기에 수제비만 빚어 넣으면 재첩 수제비가 된다. 찬을 줄이면 몸도 일상도 그만큼 가벼워진다.

문어 애호박국, 보리새우 구이, 콩잎 장아찌

이음동의어

사랑할 때만 사람이다
사랑할 때만 살아있다

그러므로 사랑을 다 떠나보내고
숭숭 뚫린 분화구에 더 이상 재생되지 않는
재만 허옇게 남은 삶은 이미 삶이 아니다
마그마 같은 사랑이 없는
삶은 단지 구차한 연명일 뿐,

그렇다
시를 쓸 때만 시인이다
사랑할 줄 아는 사람만 시를 쓴다

그리하여 나는 오늘도 사랑을 하고
그리하여 나는 오늘도 시를 쓰며

_시집 《별을 의심하다》에서

삶, 사람, 사랑

'삶'이라 써 놓고 '사람'이라 읽고 싶을 때가 있다. '사람'이라 써 놓고 '사랑'이라 읽고 싶을 때가 있다. 사람으로 태어나서 한 평생 사랑하다가 가는 삶이 인생일진대.

외롭고 쓸쓸해질 때는 문득 사랑이 곁에 없음을 느끼는 순간이 아닐까?

대상이 누구든 사랑하는 마음이 없다면 무슨 동기로 삶을 살아갈까 싶다. 공부를 하고, 대학을 가고, 취직을 하고, 일을 하고, 돈이든 권력이든 힘을 가지려고 애쓰는 것은 지극히 개인적인 의식이나 욕구 같지만, 사실은 '나 외의 사람'에 대한 사랑을 얻거나 지키려는 일종의 사회

인식, 즉 관계 인식이라 할 수 있다.

모두가 가슴에 사랑을 품고, 그리하여 이 세상이 사랑으로 넘친다면 결핍과 궁핍, 실의와 좌절, 소외와 절망, 갈등과 불신, 다툼과 전쟁 따위의 고통은 없을 것이다. 이런 고해 속의 인간을 구원하고자 하는 것이 바로 종교가 아니던가.

종교인 중에는 인간, 또는 인간 사회의 현상을 개인의 부정적인 의식에서 말미암은 것으로 여겨 오로지 인간을 교화의 대상으로 삼는 이가 있는가 하면, 이를 사회 구조 탓으로 보는 이도 있는 것 같다. 종교인을 보수주의자와 진보주의자로 나눌 수 있을지 모르겠지만, 굳이 가른다면 바로 이 지점이 갈림길이 될 테다.

아, 보리새우는 죽어서도 이렇게 등을 구부려 서로를 껴안으려 하는구나.

우무 콩국, 메밀 찐빵

위대한 시집

제 몸을 올올이 풀어 쓴

단 한 채,

제 시의 집 안에서 비로소 영면하신

누에만 한 시인 있으면 나와 봐라

누에고치만 한 시집 있으면 내놔 봐라

_시집 《별을 의심하다》에서

시인을
위하여

좋아하는 시인을 한 명만 꼽는다면? 김소월? 그렇다면 김소월의 시 몇 편을 외우고 계시는가? 한 편? 두 편? 세 편?

설령 가장 좋아하는 시인이 한용운, 정지용, 서정주, 고은, 신경림, 정호승, 김용택, 도종환, 안도현이라 할지라도 그들의 시 단 한 편, 아니면 두어 편 정도 외고 있을 테다. 평생 동안 사람들이 기억해 주는 단 한 편의 시만 써도 시인으로서 성공한 셈이라는 얘기다.

시집은 더 말할 필요가 없겠다. 물론 유관순, 안중근, 전태일, 문익환 같은 이는 생애 자체가 한 편의 시였던 분들이다. 그래서 그들의 생애가 사람들의 가슴속에 오롯이, 오래도록 살아있는 것이다.

　시를 쓰는 사람으로서 자신의 시가 단 한 편이라도 기억된다면 더 이상 무엇을 바라랴. 아니 기억되지 않는다 한들, 스스로 시 한 편 가슴에 품고 떠날 수 있다면…….

　거칠고 붉은 우뭇가사리가 이렇게 부드럽고 희디흰 우무가 되고, 늙은 누에의 몸이 더없이 결 고운 비단이 되는 법이다. 변변한 시 한 편 내놓지 못한 주제이지만, 지금 먹고 있는 이 밥이 뭇 생명의 피와 살로 지은, 위대한 살신성인의 시임을 시인이 모를 리 없다.

　사실 시인의 시도 그의 온몸과 영혼의 실을 뽑아 지은 고치 같은 것임에야. 세상의 시인들이여, 이 살인적인 복더위에 시원한 우무 한 그릇으로나마 위무 받으시길 바란다.

🍲 짠지 나물국, 연근 조림, 두부 구이

짠지 나물국 _ ① 무채를 썰어 물을 자작하니 붓고 삶는다.(간장과 들기름을 넣고 볶을 수도 있으나 취향대로 하시라.) ② 소금으로 간을 하고 통깨를 넣어 한소끔 더 끓여낸다.

등뒤의 사랑

앞만 보며 걸어왔다.

걷다가 왜 그런 생각이 들었는지

모를 일이다. 고개를 돌리자

저만치 걸어가는 사람의 하얀 등이

보였다. 아, 그는 내 등 뒤에서

얼마나 많은 날을 흐느껴

울었던 것일까. 그 수척한 등줄기에

상수리나무였는지 혹은 자작나무였는지,

잎들의 그림자가 눈물 자국처럼 얼룩졌다.

내가 이렇게 터무니없는 사랑을 좇아

끝도 보이지 않는 숲길을 앞만 보며

걸어올 때, 이따금 머리 위를 서늘하게

덮으며 내가 좇던 사랑의 환영으로
어른거렸던 그 어두운 그림자는
그의 슬픔의 그늘이었을까. 때때로
발목을 적시며 걸음을 무겁게 하던
그것은 그의 눈물이었을까.
그럴 때마다 모든 숲이
파르르 떨며 흐느끼던 그것은
무너지는 오열이었을까.

미안하다. 내 등뒤의 사랑

끝내 내가 좇던 사랑은
보이지 않고 이렇게 문득
오던 길을 되돌아보게 되지만
나는 달려가 차마 그대의
등을 돌려 세울 수가 없었다.

_시집 《등뒤의 사랑》에서

마흔이 되고 비로소 그동안 한 번도 돌아보지 않았던 등 뒤를 돌아보니……,
아, 그리하여 《등뒤의 사랑》은 마흔 해를 살아오는 동안
내 등 뒤에서 나를 위해 헌신한 모든 이들에게 바치는 헌사였던 셈이다.

민중 시인과
서정 시인

나는 〈녹두꽃〉 출신 시인이다. 굳이 시력에서 이 사실을 숨기지 않는다. 고등학교 3년을 문예 특기 장학생으로 다녔고, 대학 2학년 때 개천예술제 백일장 대학 일반부 장원으로 문학부 최우수상을 받기도 했으니 예나 지금이나 문청들의 꿈인 신춘문예에 응모해 볼만도 했지만 그런 것에 특별히 관심이 없었다. 내겐 딱히 '문청 시절'이란 게 없었으니까.

고등학교 3년을 문예 특기 장학생으로 골병(?)이 들다 보니 대학에 들어가서는 문학엔 관심을 접다시피 했다. 물론 상을 타야 할 현실적인 이유가 없어지기도 한 탓이다. 그러다 불쑥 학교에서 엎어지면 코 닿을 거리인 진주성에서 열린 개천예술제 백일장에 혼자 걸어가 몇 줄 쓴 게 용

케 장원을 차지하기도 했던 것이다.

대학 졸업하고 발령 받고서는 교단 일기 형태로 다시 시를 쓰긴 했지만, 초임 교사였던 내 관심은 오로지 담임한 아이들에게 쏠려 있었다. 그러다 〈민중시〉에 시를 보내 추천이 내정됐으나 '민중교육지 사건'과 함께 〈민중시〉가 폐간되고, 1991년에야 당시 〈노동해방문학〉과 함께 진보 문예지의 두 축을 이루던 〈녹두꽃〉 추천으로 문단에 나온 것이다.

빼도 박도 못하게 민중 시인, 또는 민족 시인으로 낙인찍힌 이런 나를 서정 시인으로 둔갑시킨 시집이 바로 세 번째 시집《등뒤의 사랑》이다.

《등뒤의 사랑》을 읽는 두 열쇠말은 '사십대'와 '사랑'이다. 1997년 남해에 와서 4년을 근무하던 마지막 해에 마흔을 맞았고, 그리고 마흔 하나 되던 해에 진주에 나가 그 다음 해인 2002년에 이 시집을 냈으니까.

마흔이 되고 비로소 그동안 한 번도 돌아보지 않았던 등 뒤를 돌아보니……, 아, 그리하여《등뒤의 사랑》은 마흔 해를 살아오는 동안 내 등 뒤에서 나를 위해 헌신한 모든 이들에게 바치는 헌사였던 셈이다.

이렇게 무채를 잘박하니 끓인 나물을 '짠지 나물'이라 했던가.

쭐면, 바지락국, 파김치, 백오이소박이

땡긴다는 말

시집 제목을 고민하다가
후배시인한테 서너 편 건네주며
표제시로 어떤 게 좋으냐고 물었다

여자후배
그 가운데 '고래구멍'이 젤 땡긴단다

땡긴다?
하필 고래도 구멍도 아닌
땡김이라는 말이 이상도 해라
참 야릇하게 들리는 것이었다

일순,

몸이 달아오르며

입에 바짝 침이 고이며

은근슬쩍 또 살고 싶어지게도 하는

_시집 《별을 의심하다》에서

언어야말로 세태를 가장 빠르게, 정확하게 반영하는 사회적 징표이자,
그 자체로서 하나의 사회 현상이기 때문이다.
인간성 실종이 어디 언어에서만 볼 수 있는 현상인가.

은근슬쩍
또 살고 싶게 하는

음식을 먹는 것을 가리켜 '흡입한다'고 표현하는 사람들이 있다. 특히 요즘 젊은이들이 그렇다. 아무래도 그 표현이 마뜩찮아서 새삼스레 '흡입'이라는 낱말을 찾아봤더니 "외부의 물질을 구멍이나 입 따위를 통해 빨아들이거나 들이마심"이라고 풀이되어 있다.

그렇다면 밥을 단순히 '물질'로 본다는 것인데, 실은 '밥' 자체를 비하한다기보다 밥을 먹는 행위를 시니컬하게 표현한 것이리라. 그리고 주로 자신의 밥 먹는 행위를 두고서 하는 말인 걸 보면 '흡입'은 다분히 자조적인 표현으로 들리기도 한다. 그래도 인문학적 의미가 거세된 이 '흡입'이라는 말이 영 귀에 거슬려 마치 밥 먹다 가시가 목에 걸린 듯해서 말이다.

밥을 먹는 것이 아니라 밥을 흡입하는 것이면 어린애한테 밥을 먹이는 일은 주입하는 건가? 자동차 기름처럼?

우리가 쓰는 말이 갈수록 인간미가 없어지고 금속처럼 차가워지는 것 같아 섬뜩하기조차 하다. 하지만 그렇게 말하는 사람만 나무랄 일은 아니다. 언어야말로 세태를 가장 빠르게, 정확하게 반영하는 사회적 징표이자, 그 자체로서 하나의 사회 현상이기 때문이다. 인간성 실종이 어디 언어에서만 볼 수 있는 현상인가.

웬 쫄면이라니, 신산한가 보다. 또 은근슬쩍 살고 싶어지는가 보다.

검은 콩국수, 오이소박이

시가 아니어도 좋습니다

시를 쓰지 못해도 좋습니다

나무와 풀과 꽃들의 숨소리를
들을 수 있는, 바람과 햇볕에
짐짓 응석을 부려도 부드럽고
따뜻하게 받아주는, 그래서
한 마리 벌레나 짐승처럼 착하디
착해지는 곳으로 가고 싶습니다

서로에게 말없는 풍경처럼 편안한,
아주 낮은 목소리로도
마음을 전할 수 있는 사람과
함께라면 더욱 좋겠습니다

그곳에서 흙 묻은 피감자 한 알이라도

세심하게 벗겨주며 같이 밥을 먹고,

이불깃을 고쳐주며 같이 잠을 자고,

눈 뜨면 천상에서 내려오는 눈부신

아침 햇살을 겸손한 실눈으로

함께 볼 수 있으면 좋겠습니다

그렇게, 너무 오래는 말고, 사는 일이

참 이렇게 행복할 수 있는 것이구나

하고 느낄 때쯤, 미끄럼틀처럼

등을 기댄 채 낮잠 자듯 스르르

눈 감을 수 있으면 좋겠습니다

그땐 함박눈이라도 펑펑 쏟아져

짧은 사랑의 흔적조차 깨끗이

덮어주면 좋겠습니다

구구한 시는 쓰지 않아도 좋습니다

_시집 《등뒤의 사랑》에서

나도 사실은 시 같은 것 쓰지 않아도 좋으니
"아주 낮은 목소리로도 마음을 전할 수 있는 사람"과
오로지 사랑을 위해 야반도주라도 하고 싶을 때가 있다.

나도 야반도주하고
싶을 때가 있다

내가 시를 쓰지 않았으면 어떻게 되었을까, 한 번씩 이런 생각을 하게 된다. 글쎄, 어떻게 되었을까? 중학생 때까지 장래 희망을 법관이나 정치가로 적었던 걸 보면 그야말로 입지전적인 인물이 됐을 수도 있겠다 싶다. 그러나 지금의 법관이나 정치인들에게 내 모습을 투영해 보면 그러지 않길 천만다행이라는 생각을 하게 된다.

고등학교를 문예 특기생으로 입학해서 3년을 장학생으로 버티며 자연스레 시인을 꿈꾸게 되었고, 나는 오늘 이렇게 시인이 되어 있다.

살아오면서 몇 번의 선택의 기로에 설 때마다 선택의 기준은 한결같이

‘이 길을 선택하면 시를 계속 쓸 수 있을까’였다. 해직을 선택할 때도 그랬고, 복직을 선택할 때도 그랬다. 해직과 복직을 선택했다고 하니 좀 이상한가? 맞다. 그땐 해직이나 복직이나 선택 사항에 해당했었다.

어쨌든 지금도 세상과 사람에 절망할 때면 혼자만의 기도로 간구한다. "그래도 세상과 사람에 대한 믿음과 애정을 버리지 말게 해 달라."고 말이다. 그래야 시를 쓸 수 있으니까.

바라건대, 무엇이 되고 얼마나 오래 사느냐가 중요한 것이 아니라 사는 날까지 시를 쓸 수 있느냐가 중요한 것이다.

나도 사실은 시 같은 것 쓰지 않아도 좋으니 "아주 낮은 목소리로도 마음을 전할 수 있는 사람"과 오로지 사랑을 위해 야반도주라도 하고 싶을 때가 있다.

🍲 멍게 비빔밥, 감자국

멍게 비빔밥 _ ① 멍게를 잘게 썰어 간장, 참기름을 넣고 간이 배게 조물조물 버무린다. ② ❶에다 청양 고추와 잔파를 다져 넣고 무쳐 밥이 다 될 때까지 재어 둔다. ③ 밥이 다 됐으면 멍게 무침과 김채, 통깨 등 고명을 얹어 낸다.

비주류의 시

완강한 주류에 밀려 가장자리쯤에서 유유히 흐르는 물줄기가 물가
의 풀들을 키우고 작은 물고기들을 품어 기르는 법이니, 죽을 때까지
내가 비주류 시인인들 불만 없다

퉤!

_시집 《별을 의심하다》에서

비주류가
좋다

어차피 세상은 비주류가 원하는 대로 돌아가지 않았고, 세상을 움직이는 주류가 정의로운 적도 없었다. 그래서 주류를 바꿔 보겠다고, 때로는 주류가 되어 보겠다고 발버둥치기도 했으나 주류가 바뀐 적도, 주류가 되어 본 적도 없다.

겉보기엔 주류가 바뀐 것처럼 비춰진 때가 있었으나 다만 착시 현상이었을 뿐, 실은 주류 간의 임무 교대에 지나지 않은 것이었다. 어쩌다 한 번 비주류가 주류의 자리를 차지한 적이 있었지만 그 일로 비주류는 멸문지화의 대가를 치러야 했으니…….

지금은 숫제 비주류를 발본색원해 버릴 기세다. 그러게 비주류는 비주류에 만족하며 오로지 비주류로서의 역할에만 충실하라는 것인가.

더 낮고, 더 작고, 더 여린 곳으로 임하면, 더 줄이고, 더 낮추고, 더 좁히고 더 깊어지면 마침내 아무도 범접할 수 없는 세계가 열리는 걸까.

멍게 비빔밥이다. 구하기 쉽지 않고 좀 비싸서 그렇지, 역시 멍게는 멍게다. 지금은 양식 멍게 출하기가 아니어서 시판되는 건 대부분 자연산일 테다. 아직 미조엔 해녀가 있어 물질 뒤엔 반짝 장이 서곤 한다.

멍게 비빔밥 한 그릇이면 귀태니 뭐니 해서 소태 같아졌을 입맛이 좀 돌아오시려나?

돼지고기 수육, 김장 김치

구절초

사연 없이 피는 꽃이 어디 있겠냐만

하필 마음 여린 이 시절에 어쩌자고

구구절절 피어서 사람의 발목을 붙드느냐

여름내 얼마나 속 끓이며

이불자락을 흥건히 적셨길래

마른 자국마다 눈물꽃이 피어

사람의 가슴을 아프게 치대느냐

꽃이나 사람이나 사는 일은

이렇듯 다 구구절절 소금 같은 일인 걸

아, 구절초 흩뿌려져 쓰라린 날

독한 술 한 잔 가슴에 붓고 싶은 날

_시집 《등뒤의 사랑》에서

구구절절
구절초

구절초는 단오 무렵에는 줄기가 다섯 마디였다가 중양절(음력 9월 9일)이 되면 아홉 마디가 된다고 구절초라 한다는데, 이런 전설이 있다.

옛날에 아이를 낳지 못한 한 아낙이 아이를 가지려고 장명산 중턱에 있는 약수터로 올라가 그 물로 밥을 지어 먹고 구절초를 달여 마시며 치성을 드린 끝에 아이를 갖게 되었다. 아이를 갖지 못하는 여인들이 그 소문을 듣고 매년 구월 구일에 장명산 약수터를 찾아 구절초를 달여 먹고 아이를 갖게 되었다는······.

참 싱겁고도 상투적인 스토리다. 하긴 인간의 생로병사만큼 상투적인

게 있을까만. 그러나 상투적인 일상이라도 누구나 같을 순 없을 테다. 설령 똑같이 겪는 일이라도 자신에게는 구구절절한 사연이 되기도 하는 것이니 말이다.

김장을 했다고 누가 김장 김치를 두어 포기 갖다 줬다. 김장 김치에 어찌 막걸리가 빠질쏘냐. 기분이야 독한 소주 한 잔 가슴에 붓고 싶지만……, 막걸리는 냉장고에 하루 이틀 재였다가 먹어야 제 맛이 난다는 건 다들 아실 테다.

시름은 술로 풀고 구구절절한 삶의 애환은 이야기로 푸는 법이다. 아직 가슴에서 내놓지 못한 사연이 있거들랑 구구절절은 아니더라도 한 구절이나마 풀어놔 보시라. 구절초 구절구절 피는 이런 날은 누구든 고개를 끄덕여 줄 테니까.

내게도 가슴에 소금을 뿌린 듯 애간장 타는 사랑이 있었다. 고백하건대, 《등뒤의 사랑》은 눈앞의, 매우 세속적인 사랑이기도 했다.

가래떡 구이, 반시, 오미자차

금연禁煙을 결심함

　지금 나는 옥상에 있다 시골 초등학교, 교목인 늙은 황금편백 두 그
루가 금빛 양 날개를 펼친 그 사이 마치 새의 부리마냥 국기게양대가
솟아있고, 그 펄럭이는 태극기 뒤에 숨어 네게 마지막 이별의 입맞춤
을 한다 단연코, 이 순간처럼 너와 함께 했던 어언 삼십여 년의 생은
저 뭉게뭉게 구름처럼 황홀하고 달콤했지만, 이렇듯 오랜 꿈인 듯 생
이별 또한 찢어지게 감미로우리라 마침내, 한 번도 날지 못했던 날개
를 뚝 분질러 꺾고 휘청대며,

　나는 지금 옥상을 내려오고 있다

_시집 《아버지의 집》에서

'빵 대신 과자'의
정신분석학

마리 앙투아네트, 그녀는 굶주린 시민들이 "빵을 달라!" 외치자 "빵이 없으면 과자를 먹지."라고 말했대서 두고두고 입질에 오르내린다. 프랑스 혁명으로 참수형을 당한 루이 16세의 황후였던 그녀도 끝내 혁명군의 심판을 받아 단두대의 이슬로 사라졌다. 백성은 도탄에 빠졌는데도 국모로서의 체통과 자중자애의 본을 보이지 못하고 오히려 사치와 방탕을 일삼은 대가였다.

그녀의 병적인 '사치'와 '향락'에의 탐닉은 성불구자 남편을 둔 불행한 여인이 가질 수밖에 없었던 리비도의 검열 결과이자 외로움에 대한 대체 만족일 수 있다는 정신분석학적 이해도 가능하겠다.

정신분석학에 따르면, 심한 억압이나 검열에 의해 무의식에 잠재된 리비도는 직접적인 출구를 찾지 못하고 우회적인 방법을 통해서 만족감을 얻으려 한다. 이때 리비도는 이미지로 변장하여 검열을 피하게 되는데, 그녀의 화려한 일탈의 이미지는 바로 리비도의 변장술의 결과가 아닐까 하는 학문적 상상력을 발휘해 보는 것이다. 게다가 그때만 해도 절대 왕정 시대였던 데다 귀족들의 사치와 방탕이 극에 달했을 때니 시대적 정황도 이해할 만하다.

수해의 근본 대책을 주문하며 "산간에 흩어져 사는 주민들을 모아 아파트를 지어 살게 하면 되지 않겠느냐."라든지, 대형마트 때문에 장사가 안 된다고 하소연하는 골목상인에게 "인터넷으로 물건을 팔아 보라."든지, 등록금 인하를 외치는 대학생에게 "장학금을 받으라."든지, 청년 실업 대책을 요구하는 88만원 세대에게 "눈높이를 낮추라."든지…….

"빵이 없으면 과자를 먹지."라고 했던 마리 앙투아네트를 뛰어넘는 기상천외한 상상력의 소유자였던 그가 문득 눈앞에 어른거려서 말이다.

어디 그 자뿐인가. 캑, 가래떡이나 굽자.

홍합탕국, 바지락 된장국, 엄나무순 장아찌, 가죽 부각

꽃무릇

털썩, 주저앉아버리고 만
이 무렵

그래선 안 된다고
그러면 안 된다고

안간힘으로 제 몸 활활 태워
세상, 끝내 살게 하는

무릇, 꽃은 이래야한다는
무릇, 시는 이래야한다는

_시집 《별을 의심하다》에서

놋그릇을
닦는 이유

이전 사람들은 잠수함 안의 산소량을 가늠하기 위해 토끼를 잠수함에 길렀다고 한다. 소설 《25시》로 유명한 게오르규는 1974년 한국을 방문해 가진 한 강연회에서 '잠수함의 토끼'에 시인을 빗대면서 "시인이 괴로워하면 그 사회는 병든 것"이라고 했다.

그로부터 40년이 지난 오늘, 이 땅의 동료 시인 제위께 내가 묻는다.

"시인들이시여, 아직 숨 쉴 만하신가?"

게오르규는 또 말했다.

"시인은 괴로움에 시달리고 있는 사회를 고발하는 데 목숨을 걸어야
한다."

사회에 대해 직접적인 발언을 하지 않았던, 그래서 예전에는 잘 몰랐
던 시인들이 요즘 부쩍 '병든 사회'에 기민하게 반응하는 걸 보면서 반가
운 한편, 마음이 복잡해진다. 촉수가 무뎌진 것이든, 용기가 꺾인 것이
든……, 나는 이미 비루해질 대로 비루해져서 시인詩人도 아닌 시인屍人이
되어 버렸으니 말이다.

오래전 후배가 직접 만들어 선물해 준 놋그릇을 꺼내서 닦았다.

🍲 열무 비빔밥, 설치국

설치국 _ ① 홍합을 삶아 건져 놓고 국물은 냉장고에 넣어 식힌다. ② 청각을 깨끗이 씻고 손질하여 천일염, 통깨, 다진 마늘 등 양념으로 조물조물 버무린다. ③ ❷에 ❶을 부어 건져 놓은 홍합을 띄우고 양파, 청양 고추를 채 썰어 넣는다.

오체투지의 시

이 봄날에는, 시인이여

눈깔에 힘 빼고, 위로만 두리번거리지 말고

저 여리고 낮은 것들과 엎어져

데굴데굴 구르다가

팔다리 다 닳아 어디 운 좋게 쇠똥,

말똥에라도 처박히거든

잠시 눈을 말똥거리다가 거기,

오체투지로 시를 쓰시는

말똥구리 한 분 만날 수 있다면

그 눈부신 몸빛에 눈마저

멀어 마침내 환한 길 하나 열리거든

_시집 《별을 의심하다》에서

우리말에 대한
예의

200자 원고지 10장가량의 글을 쓴다고 가정할 때, 국어사전을 몇 차례나 펼쳐 보시는가. 한 달, 아니면 일 년 동안에는 또 과연 몇 번이나 국어사전을 뒤적이시는가.

말하고 글 쓰는 일을 업으로 하는 이들, 예컨대 문인이나 교수, 신문 기자나 교사들의 글, 심지어 정부 공문서조차 띄어쓰기는 말할 것도 없고 잘못 선택된 어휘, 틀린 맞춤법을 발견하는 일이 수두룩해서 다짜고짜 던져 보는 질문이다.

생뚱맞다 여길 수도 있겠고, 더러는 당황했을 수도 있겠다. 그러나 누군가 자신이 쓴 글을 읽으며 애써 설파하고자 하는 내용에는 관심도 없이 잘못 부려 쓴 맞춤법이나 어휘 따위, 글쓰기의 기초와 기본에 해당하는 문제를 까탈 잡아 혀를 찰 것을 생각하면 머리끝이 쭈뼛해질 일 아닌가.

평생 글 쓰는 일을 해 온 나 같은 사람조차 200자 원고지 10장도 안 되는 이런 짧은 글을 쓸 때도 국어사전을 몇 번씩 뒤적이곤 한다. 그리고 최소한 글을 예닐곱 번은 고치고 다듬는다. 그렇게 하는 것이 독자에 대한 도리일 뿐 아니라 우리말과 스스로에 대한 예의라고 생각하는 탓이다. 그래도 나중에 다시 읽어 보면 낯 뜨거울 때가 많다.

말똥구리처럼 온몸은 아니더라도 손가락 움직여 사전을 펼치는 정도의 부지런함과 성의는 가지고 글이든 시든 써야하지 않겠는가.

남해 사람들이 즐기는 설치국은 뭍에서 해 먹는 오이 냉채와 같은 것으로 이해하면 느낌 올 것이다.

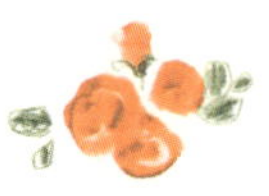

비빔칼국수, 열무 물김치

정경

산 개미가 죽은 풀무치를 끙끙, 끌고 가는 것인데,

실은, 죽은 풀무치가 산 개미의 삶을 영차! 영차! 싣고 가는 것인데

_시집 《별을 의심하다》에서

시 정신과
산문 정신

본디 인간은 다분히 시적인 존재였다. 세계와 인간을 하나로 보는 일원론적 사고를 지녔다는 말이다. 아직 이성이 덜 개입된 어린이들이 자아와 타자를 곧잘 일체화하는 물아일체의 사고를 지닌 점이나 최초의 문학 양식이 시, 즉 노래였다는 사실은 인간의 본성이 시성을 바탕에 깔고 있음을 알려 준다.

시적인 존재로서의 인간에게 자연은 극복과 개발의 대상이 아니다. 인간도 자연의 한 존재로 여기고 그 자연의 질서에 순응할 따름이다. 세계 속의 만물이 독립적이거나 고정불변의 존재가 아니라 서로 연기되어 순환한다고 보는 불교의 연기 사상이나 개체가 전체이고 전체가 곧 하나의 개체라고 인식하며 생명이 없는 무정지물조차 불성을 지닌 중생으로 여겼던 화엄 사상도 바로 인간의 시적인 사유의 결과였다.

이처럼 시적인 사유는 나와 세계를 일체화하거나 적어도 세계 속의 만물을 동등한 존재로 인식한다. 그런데 오늘날 인간은 오로지 인간을 세계의 중심에 놓은 채 인간 아닌 모든 존재를 대상화하고 수단화했다. 그리하여 오직 인간만의 이익을 좇으며 생명 공동체의 파괴를 서슴지 않은 데서 끝내 전 지구적 위기를 초래한 것이다.

사실 이성, 또는 근대성이란 이기적인 인간 중심주의의 이면에 지나지 않는다. 이 인간 중심주의를 견인해 온 문학 장르가 바로 산문이다. 여전히 각광받는 장르가 산문이라는 사실은 아직도 우리가 '인간은 만물의 영장'이라는 오만하고 그릇된 인간 중심주의에 꽁꽁 묶여 있음을 방증하고 있다.

산문은 바로 이 점을 비판해야 한다. 그래야 문학 장르로서 존재 가치와 이유를 지닌다. 시 정신이 '동일화 정신'이라면 산문 정신은 '비판 정신'이다. 내가 시를 쓰면서도 여전히 산문 쓰기를 멈추지 않는 까닭이 여기 있다. 만물이 서로 연기되어 순환하는 세계에서 산자와 죽은 자의 구분이 무슨 의미가 있으랴.

홍합탕, 굴김치, 고추 부각

예쁜 손

　일산에서 손 시인과 동태찌개로 더운 점심밥을 먹으면서, 미안했다 용인에 있는 정 시인의 병문안을 가는 길이었으니, 뇌종양을 앓고 있는 그는 지금쯤 이승의 남은 밥그릇을 어림하고 있을지 모를 일이다 아플 때는 밥이라도 잘 먹어야 한다며 그 목멜 밥숟갈에 간간한 밥반찬이라도 얹어주자는 손 시인의 말에 소래포구로 차를 돌린 것이었는데, 그날따라 하늘과 땅의, 바다와 뭍의 경계를 지우며 허연 눈발이 흩날렸다 우왕좌왕.

　삶과 죽음의 경계 또한 이렇듯 모호하고도 불안한 것이리라 한참
길을 헤매다 찾아든 소래포구, 마른 갈대들이 갈피를 못 잡고 종종거
리고 있었지만 여기저기, 헤진 깃발들은 길을 알려주지 못하고 있다
미친 듯이 바람은 향방을 잃은 채 나부대고, 겁도 없이 대열의 앞장에
서 손을 치켜들던 내 이십대, 이은 삼십대조차 두렵고 부끄러웠던지,
아, 눈을 돌린, 저기 폐염전 위의 소금창고 몇은 건재하다 여전히 소
금을 쌓듯 혁명을 꿈꾸는가 눈발은 필름 끊긴 영화 스크린의 잔광처
럼 번득이는데, 아무렴

살아야한다 목이 메더라도
새우젓이며 어리굴젓이며 오징어젓갈을
꾸역꾸역 담고 있는 저
예쁜 손들

_시집 《아버지의 집》에서

남과 북의 경계, 동과 서의 경계, 보수와 진보의 경계, 민주와 독재의 경계,
삶과 죽음의 경계……, 오늘은 이승의 아들이 저승의 아버지를 만나러 가는 날이다.

경계에서

삶과 죽음의 경계에 서 본 적이 있으신가?

서너 해 전에 인천 을왕리에서 일박 모임을 하고 차이나타운에서 점심 먹고 느지막이 헤어질 무렵엔 눈이 쏟아지기 시작했다. 평소에 한 시간 쯤 걸린다는 수원을 대여섯 시간이나 운전해 오면서 삶과 죽음의 경계가 바로 이 지경이구나 싶었다.

나중엔 차선도 없어지고 앞차의 불빛도 보이지 않았다. 엔진 브레이크 를 걸어 놓은 상태에서 발 브레이크와 가속 페달을 번갈아 밟다 보니 발 목에 감각조차 없어졌다. 차를 멈추고 더 이상 앞으로 나아가는 걸 포기하고 싶었다. 그랬으면?

진주가 목적지였지만, 결국 수원에서 하룻밤을 자고 다음날 진주로 돌아왔다. 요즘은 눈이 조금만 와도 아예 운전할 생각을 하지 않는다.

북쪽엔 눈이 많이 왔다는데, 남해는 아침나절부터 캄캄하기만 했지 눈발 하나 날리지 않았다. 눈 오는 북쪽 하늘에 눈길만 줘도 '종북'이 되나? 오늘 점심시간 회색인들의 밥상머리에서도 '종북'이 화제가 되어서 하는 말이다.

남과 북의 경계, 동과 서의 경계, 보수와 진보의 경계, 민주와 독재의 경계, 삶과 죽음의 경계……, 오늘은 이승의 아들이 저승의 아버지를 만나러 가는 날이다.

김장 김치에 굴 버무려 이른 저녁밥 한 숟갈 뜨고 일어서련다. 어둠이 짙어지고 있다.

모시 송편, 도라지차

달력을 걸며

또, 깎아 곶감 한 줄 달다

_시집 《별을 의심하다》에서

한恨은
힘이 세다

일일이 여삼추 같은 한 해를 기어이 또 살아 냈다. 새 달력을 다는 감회가 어떠신지?

마지막 한 장 남은 달력을 아직 내리지 않았다고? 하긴 새로운 시작이 아니라 끝장내고 말았어야 할 시간의 연장, 혹은 반복 선상에 서 있으니 달력을 바꿔 단들 무슨 뾰족한 희망이 있을까 싶기도 하다.

그래도 다시 주어진 삼백예순다섯 날의 희망을 포기할 수는 없는 노릇이다. 실정과 폭정에 대한 반작용도 점점 거세지고 있으니까.

사람이 '한'을 품으면 오뉴월에도 서리가 내린다고 했다. 그만큼 '한恨은 힘이 세다'는 얘기다. 쌓인 한은 노래로 푸는 법, 다시 시의 시대를 예감한다고 말했던 이유다.

"모시야 적삼에 반쯤 나온 / 연적 같은 젖 좀 보소 // 많이야 보면 병난단다 / 담배씨만큼만 보고 가소"(상주모심기 노래 3절 앞부분)

참 기가 막히지 않은가? 노래와 시가 결별하기 전에는 이처럼 노래가 곧 시였다. 시의 시대에 시인의 자리가 어디인가는 너무나 자명한 일이다.

모시 송편 드셔 보셨는가? 남해엔 무슨 영문인지 야생 모시가 지천으로 깔렸다. 적소였던 남해, 서포도 모시옷을 직접 지어 입으셨던 걸까?

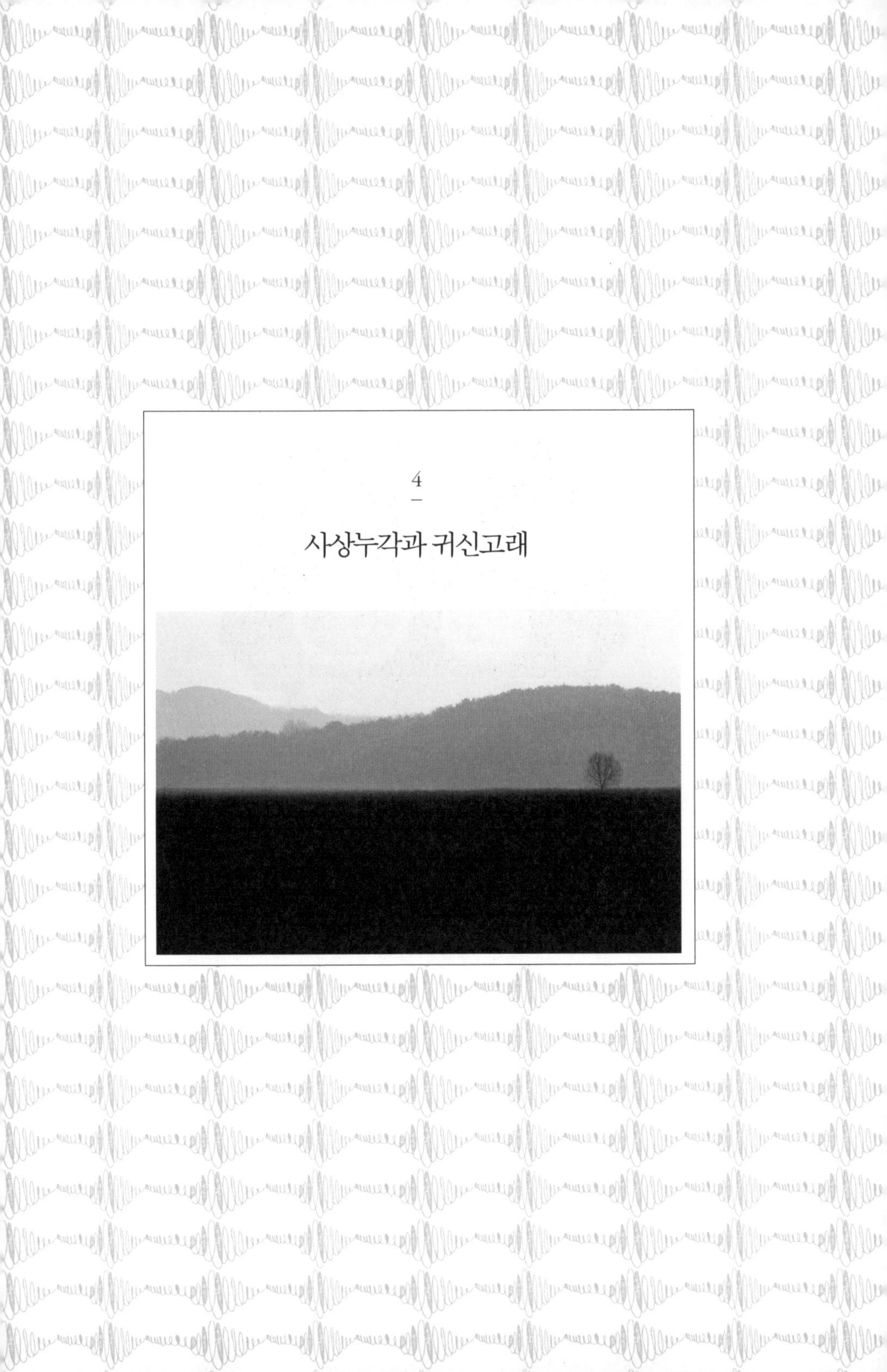

4

사상누각과 귀신고래

성게 미역국, 볼락 구이, 물김치

성게 미역국 _ ① 물에 불린 미역을 썰어 넣고 적당 양의 물을 붓는다. ② 국간장으로 밑간을 하여 한소끔 끓인다. ③ 소금으로 간을 맞추고 마지막에 성게알을 넣어 한소끔 더 끓여 낸다.

행간

나뭇가지를 보는 것이 아니라
그, 조각조각 부서진 하늘을 본다

거기,
나무의 푸른 슬픔이 있으므로

_시집 《별을 의심하다》에서

다시 행간을
읽는 시대

○○○씨의 직장 동료들이 "○○○씨의 딸 △△를 찾습니다!!!"라는 제목
으로 △△의 사진과 함께 올린 페이스북 게시물을 담벼락에 공유했더니
세 시간여 만에 어느 분이 댓글로 "△△를 찾았다"는 소식을 알려 줬다.

하도 살벌하고 마뜩찮은 일뿐이라 텔레비전은 아예 코드도 빼 놓고 지
내는 요즘, 그래도 이렇게 안타까운 일에는 서로 걱정해 주고, 즐거운 일
은 기뻐해 주고, 궂은일은 위로해 주는 '보이지 않는 이웃'들이 있기에 희
망을 놓지 않고 살아갈 수 있지 않겠는가.

그런데 말이다. 우리는 당장의 일은 극성이다시피 챙기면서 언젠가는

과연 우리 아이들이 커서 어른이 되었을 때 민주 국가 국민으로서 자유와 평등의 가치를 온전히 누리며 살 수 있을까? 국가로부터 인간의 존엄성과 인권을 보호받을 수 있을까? 안정적인 일자리는 있을까? 물은 맘 놓고 마실 수 있을까? 안심하고 먹을 수 있는 먹거리는 충분할까? 원전은 안전할까? 전쟁 걱정은 안 해도 될까?

물론 이런 걱정이 단지 기우이길 바라지만, 적어도 지금 우리들의 모든 결정과 선택들이 우리만의 문제에 그치지 않고 아이들의 미래에 닿아 있다는 생각을 하자면 입맛이 쓰다.

다시 입 열기 두려운 시대, 그러나 열어야 한다. 언론이 말하지 않는 진실의 행간을 애써 밝혀 말해야 한다. 누구보다도 우리 아이들을 위해서다.

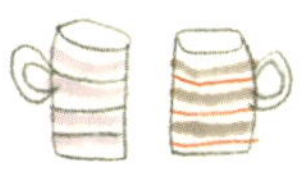

🍲 우리밀 만두, 브라우니

인사동에서 잠시 밥숟가락을 멈추다

오, 저 풀씨 같은

이 늦은 아침 인사동 여관을 나와 밥집에서 만두국 한 그릇을 시켜
놓고 나는 지금 그런 생각을 하고 있다

사람들의 집에는 밤새 이슬처럼 무거운 시간이 내려 속속들이 젖
어들었으리라 햇볕이 나자 금세 깃털을 말린 풀씨들은 눈가루보다 더
가볍게 여기로 날아와 바랜 한지책갈피를 기웃거리기도 하다가, 오뎅
국물을 홀짝거리기도 하다가, 더러는 아슬아슬한 검은 피부의 팔짱에
매달려 까불거리기도 하나니

또한, 나는 이 동서고금의 아득한 혼란 속에 넋을 잃고 밥숟가락을
멈춰 들고 있는데 어디선가

훅......,
잠시였다

_시집 《아버지의 집》에서

아이들을
슬프게 하는 것들

아이들은 무슨 일로 가장 상처받을까? 성적? 돈? 학교 폭력?

내가 학교 현장에서 겪은 바로는 우리 아이들을 가장 슬프게 하는 건 '돈'이나 '점수'가 아니다. '소외'와 '편애'다. 언젠가 학교 교육 과정을 짜면서 아이들에게 어떤 선생님이 가장 싫으냐고 설문 조사했더니 '편애하는 선생님'이라는 대답이 압도적으로 많았다.

사실 똑똑하고 잘난 애들은 혼자 놔둬도 무엇이든 잘 하지만 그러지 못한 아이들은 '특별한 관심과 배려'가 없으면 더 움츠러들게 되어 있다. 어떻게 보면, 교육은 이런 애들에게 한 번 더 눈길을 주고, 하나 더 챙겨 주는, 오히려 '역차별' '역편애'를 해야 하는 것 아닌가 싶다. 그게 더 교육적이지 않은가?

국가도 마찬가지다. 국가의 공권력으로 특별히 보호하고 공적 지원을 더 많이 해야 할 계층은 돈이든 학력이든 권력이든 '없는 사람들'이다. 그런데도 우리 정부는 갈수록 공공성을 축소하는 방향으로 정책을 추진하고 있어서 빈익빈 부익부 현상을 부채질하고 있다. 결국 공공성의 축소는 '힘없는 정부'로 귀결될 것이 빤한데 말이다.

'우리밀급식'에서 일하는 페이스북 친구 한 분이 무농약 우리밀로 만든 만두와 브라우니를 보내 주셨다. 무농약 한라봉과 감귤로 만든 주스도 함께 들어 있었다. 정성을 생각하며 모시천을 곱게 받쳐 쪄 냈다. 이만하면 아이들도 먹을 만하겠다.

바지락 된장국, 백오이소박이, 곰취 생쌈과 호박잎 찐쌈

얼굴 한 번 본 적 없는 사람이 보고 싶다

오늘 하루도 잘 지냈습니까

이렇게 저물녘이면
어김없이 종종걸음으로 따라오다
돌아보면 멈칫 그 자리에 서버리곤 하는
한 얼굴 없는 그림자를 볼 때마다

참 이상한 일이지요
얼굴 한 번 본 적 없는 사람의
안부가 못내 궁금합니다

언젠가 작은 물방울처럼 몰래

스며와 어느새 내 가슴에서

개울물이 되어버린 그대,

그대는 늘 내게 속삭이며

노래를 들려주며, 때론

내 머리를 어루만지며

기도도 해주지만,

정작 나는 그대의 얼굴

한 번 본 적이 없습니다

그러면서도 이렇게 늘 내 가슴을

깊이 적시며 흐르는 그대,

그대는 누구인가요

얼굴 한 번 본 적이 없는

그래도 사무치게 보고 싶은 그대,

오늘 하루도 잘 지냈습니까

_시집 《등뒤의 사랑》에서

우리는 당장의 일은 극성이다시피 챙기면서 언젠가는
우리가 챙겨 줄 수도 없는 아이들의 미래에 대해서는 왜 마냥 무심할까?

일상보다
중요한 건 없다

이십대 초반, 초임 교사 시절에 '학습지도연구대회'에 나갔다. 당시는 수업 연구 대회라는 게 대개 점수가 필요한, 이를테면 '승진 예정 순서'대로 등수가 결정되기 일쑤고, 젊은 교사는 경험을 쌓는다는 생각으로 참가하기 마련이었다. 이런 분위기에서 신규 교사가 상위 등급을 받는다는 것은 매우 이례적인 일이었다. 그런데 새파란 초임 교사인 내가 이 대회에서 국어과 1등급을 한 것이다.

이 얘기를 하려는 게 아니다. 중요한 건 수업하기 전에 수업할 교실을 한 번도 찾아가지 않았다는 사실이다. 사전에 아이들과 수업 내용에 대해 전혀 입을 맞추지 않았다는 말이다. 요즘은 어떤지 모르겠지만, 당시에는 수업하기 며칠 전부터 수업자는 수업할 교실에 가서 붙어살다시피 했다.

안달이 난 사람은 수업반 담임 선생님이셨다. 수업일이 눈앞에 닥쳐 득달같이 전화가 왔는데 도대체 수업을 어떻게 하려고 그러냐는 거였다. 짜증과 화가 난 목소리였다. 그래도 한 번 들르겠다는 말은 하지 않고 "수업하는 날 아이들에게 가족 사진첩을 가져오게 해 달라."는 부탁만 드렸다. 이렇게 해서 당일 학습 자료로는 가족 사진첩, 수업 자료로는 직접 그려 간 삽화 다섯 장이 전부였으니 사실 다른 선생님들께 이런저런 부탁을 할 필요가 없었던 것이다.

왜 새삼 이 얘기를 꺼내느냐 하면 학교 일이나 바깥일을 꽤 많이 했지만 일을 하는 데 스스로 세운 가장 큰 원칙은 조직의 일상적인 업무에 지장을 주거나 다른 사람에게 되도록 부담을 주지 말자는 것이다. 일상만큼 중요한 건 없으니까.

 그리움도 일상이라면, 대상이 누구든 내칠 일이 아니다. 얼굴 한 번 본 적 없는 사람일지라도 말이다.

꽃게 된장국, 전어 무침

사람을 그리워하는 일

하필 이 저물녘

긴 그림자를 끌고

집으로 돌아오다가

한 그루 나무처럼

우두커니 서서

사람을 그리워하다

사람을 그리워하는 일,

홀로 선 나무처럼

고독한 일이다

제 그림자만 마냥

우두커니 내려다보고 있는

나무처럼 참 쓸쓸한 일이다

_시집 《등뒤의 사랑》에서

과업 중심과
인간 중심

많은 일을 할수록 많은 사람을 만나게 되고 많은 사람을 만나면 저절로 말을 많이 하게 될 수밖에 없다. 연극이 끝나고 텅 빈 객석을 바라보는 배우의 마음이 이럴까. 큰 행사 두 개를 잇달아 마치고 나니 마치 썰물 진 갯벌을 바라볼 때처럼 가슴이 휑해진다. 이 공동은 어쩌면 말이 빠져나간 자리일 수도 있겠다.

일을 할 때 일단 중지를 모아 계획이 확정되면, 좌고우면하지 않고 돌진하는 스타일이라 추진력이 있다는 평가를 듣긴 하지만, 같이 일하는 사람에겐 부담스러울 수도 있겠다는 생각이 들기도 한다. 다행히 대부분의 일을 성공적으로 마치고 그 결실을 공유했기 때문에 지금까지 일 때문에 인간관계를 크게 그르친 일은 없었던 것 같다.

일이란 게 시간이 지나면 어떻게든 끝나게 되어 있고 남는 것은 사람, 더 정확하게 말하면 사람과의 관계만 남는다. 일을 성공리에 마치고 그 결실을 공유하면 구성원 간의 관계도 더 좋아지고 실패하면 서로에게 책임을 미루게 되어 오히려 관계가 틀어지기 십상이다.

'과업 중심'으로 일을 하는 사람이 있고 '인간 중심'으로 일을 하는 사람이 있다. 개인의 능력이 뛰어난 사람일수록 과업 중심적인 사람이 많다. 그런 사람은 일을 잘한다는 소리는 들을지 몰라도, 주위에 사람이 없다. 반면 인간 중심적인 사람은 일 추진은 다소 느릴 수 있지만 그가 속한 조직은 늘 분위기가 화기애애하고 활력이 넘친다. 결과적으로 누가 성공하겠는가. 참모가 아니라 조직의 리더라면 더 말할 필요가 없다.

전어가 살이 올랐다. 돌아올 며느리도 없는데, 적소謫所의 사립으로 자꾸만 귀가 선다.

전복죽, 제피 장아찌

전복죽 _ ① 물에 불린 쌀을 갈아 끓인다.(쌀을 전복 살과 함께 참기름에 볶기도 하더라만, 글쎄 그건 취향에 따라 선택할 일이다.) ② 한소끔 끓으면 손질해서 다져 놓은 전복 살을 넣고 저으면서 쑨다. ③ 충분히 익었다 싶으면 불을 끄고 고명을 얹어 낸다.

섬진강에서

너무 쉽게
사랑한다는 말을
뱉으면서 살아 왔습니다

다시는
사랑하지 않으리라는 말도
너무 쉽게 던져버리곤 했습니다

사랑하는 일도
사랑하지 않는 일도
쉽지 않다는 것을
비로소 알겠습니다

그리하여 저 강물처럼

내게 오는 것들과

내게서 멀어지는 것들까지

마음 두지도 내치지도 않고

운명처럼 그냥 흐를 일입니다

_시집 《등뒤의 사랑》에서

스스로 세운 자기 신념을 스스로 지우는 것이야말로
진정한 마음의 자유를 찾는 일이 아닌가 하는 생각이 든다.
그리하여 이 가을에도 새로운 사랑이 손을 내민다면?

새로운 사랑이
손을 내민다면

나이 먹어갈수록 무슨 일이든 함부로 단정해서는 안 되겠구나 하는 생각을 하게 된다. 사실, 단정이란 어떤 대상과 상황에 대한 규정이라기보다 일종의 자기 신념화라고 볼 수 있다.

돌아보면 대수롭잖은 일에 목숨 건 일이 얼마나 많았던가. "죽어도 그런 일은 하지 않겠다." "죽어도 용서하지 않겠다."에서부터 심지어 "죽어도 사랑하지 않겠다."까지…….

그리고 얼마나 단정적이었던가. "절대로 그런 일은 없을 것이다." "절대 좌시하지 않겠다." "절대 말하지 않겠다."…….

그러나 죽어도 하지 않겠다는 일을 할 수밖에 없던 때가 있었고, 죽어도 용서하지 않겠다는 사람을 슬그머니 용서한 일도 있었고, 누구든 사랑하지 않은 순간이 없었지만 한 번도 죽지 않았고, 절대로 일어나지 않을 것 같은 일들이 일어나기 일쑤였고, 두고 보지 않은 일보다도 두고 본 일이 더 많았고, 말하지 않아야 할 것을 말해서 낭패를 당한 경우도 있었으니…….

스스로 세운 자기 신념을 스스로 지우는 것이야말로 진정한 마음의 자유를 찾는 일이 아닌가 하는 생각이 든다. 그리하여 이 가을에도 새로운 사랑이 손을 내민다면?

병원에 갔더니 급성 장염이란다. 특별하게 장염을 일으킬 만한 것을 먹은 일이 없는데, 아무래도 큰 행사를 앞두고 좀 무리했던 모양이다. 몸도 마음도 최대한 비워야겠다. 비운 만큼 또 채워질 것이므로.

따뜻한 메밀국수, 무김치

별을 의심하다

그땐, 별이 보이지 않는 밤에도

나는 안심했다 어둠 속에서 반짝

반짝일 별의 존재를 의심하지 않았으므로

오늘밤, 그러나 깜빡

깜빡이는 저 무수한 별들이

나는 불안하다

별들도 지쳐 스러져가고 있든지

나도 그만 저 별에 돌아가 눕고 싶든지

_시집 《별을 의심하다》에서

신사회
구성체론

지금 한국 사회의 극심한 갈등을 보수와 진보의 대립 구도로 설명할 수 있을까? 아니면 민주와 반민주로? 아니면 자본과 노동으로? 여와 야로?

아니다. 나는 한국 사회의 핵심 갈등 구조를 기득권 세력과 비(반) 기득권 세력의 대립 구도로 파악한다. 보수와 진보 안에도 각각 기득권과 비기득권이 있는 것으로 보는 것이다. 자본과 노동, 여와 야 안에도 마찬가지다.

흔히 한국 사회를 '10 대 90 사회'라고 한다. 동의한다. 바로 기득권에 해당하는 10%가 숫자의 절대적 열세에도 불구하고 오히려 모든 재화와 권력의 90%를 차지한다는 게 현 시기 한국 사회의 핵심적인 부조리와 모순이다. 물론 90 가운데서도 자기가 기득권에 속한다고 여기는 사람이 있더라만…….

⟫⟫⟫⟫⟫⟫⟫⟫ 문제는 이 기득권이 자유 경쟁 체제 속에서 오롯이 정당하고 자연스럽게 형성된 것이 아니라 애초에 부왜의 대가가 대물림된 부분이 있다는 것이다. 그러나 그걸로 해방된 이후에 처벌은 받지 않았더라도 드러내 놓고 떠벌릴 수는 없는 형편이었는데 이제는 침략과 부왜의 전력마저 정당한 것으로 역사 교과서까지 뜯어고치려 들고 있으니,

이래 가지고서는 기득권을 인정받을 수 없다. 정당성이 없는 기득권은 결국 무너지고 만다.

몸도 마음도 다 추운 이런 날에도 느닷없이 먹고 싶은 음식이 있으니 사는 일이 참 눈물겹다. 메밀국수를 삶아 건져 따뜻한 국물에 말았다.

미역 수제비, 파프리카 무쌈

남해讚_서산대사, 또는 이생진풍으로

무명의 시인이 남해를 찬讚하건대,

서산대사의 명산 평을 흉내 내서

동해는 바다는 있으나 사람이 없고

서해는 사람은 있으나 바다가 없고

남해는 사람도 있고 바다도 있다

이렇게 써놓고 보니

공연한 오해를 살까도 싶어서

동해에 가면 사람보다 바다가 먼저 달려오고

서해에 가면 바다보다 사람이 먼저 달려오고

남해에 가면 사람과 바다가 함께 손잡고 달려온다

이렇게 또 고쳐놓고 보니

누구의 시풍을 점점 닮아가는 게 아닌가

동해에서는 바다가 사람에게 말을 걸어오고

서해에서는 사람이 바다에게 말을 건네고

남해에서는 사람과 바다가 맞장구를 치며 말을 섞는다

이쯤 되면,

좀 더 노골적인 이생진풍으로

남해에서는 시는 바다가 쓰고 시인은 시를 듣는다*

* 이생진 시인의 '그리운 바다 성산포 3'의 일부를 변주함

_시집 《별을 의심하다》에서

몸도 마음도 다 추운 이런 날에도 느닷없이 먹고 싶은 음식이 있으니
사는 일이 참 눈물겹다. 메밀국수를 삶아 건져 따뜻한 국물에 말았다.

52

내 사랑
미조리

학교 현장에서 지금까지 내가 기획했던 일은 학교 교육 과정, 학부모 통신, 학교 축제, 방과 후 프로그램 같은 것들이었다. 지금은 일반화되었지만 처음 이런 일들을 시작할 때만 해도 선행 사례가 없어서 모델을 직접 만들면서 했다.

지난해 남해에 오니까 '남해 얼 계승 교육'을 추진하라는 데 역점 사업으로 설정해 놓기만 했지 아무런 이론도 프로그램도 없었다. 그래서 관련 자료와 지역 인사들의 견해를 종합하여 우선 남해 정신을 세 가지로 정리했다. 그것이 바로 '다랭이 정신' '바래 정신' '찬새미 정신', 즉 삼남 정신이다.

다랭이 정신은 남해 사람 특유의 억척스러움과 근면 정신을, 바래 정신은 공존, 상생의 정신을, 찬새미 정신은 기개와 충절 정신을 '다랭이논' '바래길' '찬새미'라는 구체적 지명을 통해 표상한 것이다.

교육 프로그램은 구체적인 경험의 장을 제공해야 한다. 첫해인 지난해에는 '부모님 일터 체험', '바래길 체험' '갯벌 체험' '내 고장 산 오르기' 등 체험 위주의 교육을 하다가 올해에는 이를 개별화, 내면화하여 '나의 남해 사랑 이야기'를 스스로 만들어 이야기하도록 했다. 그 결과물이 실천 사례집인 지난해의《남해를 걷다》와 올해의《남해를 이야기하다》이다.

나의 유별난 남해 사랑은 1997년부터 시작된, '아주 오래된 사랑'이다. 그때 거창에서 남해 미조초등학교로 들어와 한 일이 학교 교육 과정인 '등대 교육', 학교 축제인 '등대예술제', 학부모 통신인 '등대 통신'으로 상징되는 이른바 '등대 교육'이다.

누구든 오면 1년 만에 떠나 버리던 버려진 학교, 그래서 오히려 그 미조초등학교에서의 4년은 교사로서 내 철학과 소신대로 뭐든지 다 해 볼 수 있었던 때였다.

 콩나물밥, 재첩국, 전복장, 무채 무침

그집

집, 한 채를 지으면 거기 사람만 사는 것이 아니었네 일찍이 아버지
가 지으신 그

집, 굽은 서까래의 등을 타고 다니던 지네 혹은, 노래기나 무당벌레
들 더러는 눈에조차 보이지 않던 좀, 좀스런 것들이 기둥을 파먹기도
하고 때로는 제비나 굴뚝새, 또는 굼벵이가 처마 밑에 깃들기도 하던
것이었는데, 아버지는 한 번도 집 안에 드는 것들을 내쫓은 적 없었네
햇볕이 스며들어 비를 말리기도 하고 바람이 문고리를 잡거나 들창
문을 조용히 흔들어보기도 하던 그

집, 아버지도 가시고 살아 있는 것이라곤 조화 같은 꽃식물 몇, 근
심스레 들여다보고 있는 이 독수공방에서 아, 스멀스멀 그리운 그

집, 성가셨던 빈대와 독기가 선명하던 거미와 때로는 음흉하게 담
장을 타고 넘던 뱀들의 눈빛과

_시집 《별을 의심하다》에서

53

품이
그래가지고서야

며칠 전 대청소를 하다시피 사택 방 안 구석구석까지 청소하다가 잃어
버린 줄 알고 포기하고 있었던 옷가지 하나를 옷장에서 발견했다. 봄에
도 두어 차례 입었던 검정색 반소매 면 티셔츠인데, 여름 다 돼서 다시 입
으려 아무리 찾아도 보이지 않았던 것이었다. 있을 데라곤 세탁소밖에
없다 싶어서 한동안 세탁소 아주머니가 올 때마다 "혹시 빠진 옷이 없
나?" "다시 한 번 찾아봐라."고 다그치곤 했던 건데……, 이렇게 깊숙이
넣어 두고 애먼 사람을 의심했으니 말이다.

그런데 뭐가 문제냐고? 마땅히 옷을 찾았으면 찾았다고 얘기하면 그 만인데, 이게 그렇지 않더라는 거다. 어차피 세탁소 아주머니도 벌써 잊 었을 텐데 이제 와서 굳이 그걸 얘기해야 하나, 말하자면 '쌩 까고 넘어 가자'는 마음이 들썩였던 것이다.

잠시지만, 이런 내 모습에 스스로 당황하고 부끄러웠다. 다음날 세탁소 아주머니를 불러 세탁물 몇 가지를 맡기면서 말했다.

"그 옷 찾았습니다. 제가 깊이 넣어 놓고는 잘 찾아보지도 않고……, 미 안합니다."

이런 내 못난 모습을 아버지가 보셨으면 뭐라 하실까? 똑같은 밥과 재 료로 비볐지만, 유독 맛나던 아버지의 비빔밥, 그 비결을 나는 아직 터득 하지 못하고 있다.

고구마, 블루베리 흑초

가을의 시

막 눈뜨고, 처음엔 황홀한 햇살과 쏟아지는 시선에 어쩔 줄 몰라 했으
나 그 분의 뜻을 알고부터, 나는 다만

그 분의 옷,
그 분의 옷에 묻은 실밥 같은,

그 분이 한 뜻을 이루실 때쯤 내 몸이 아닌 내 몸은 보풀처럼 너덜해지
고 그 분의 발등이라도 한 오라기 덮어드릴 수 있다면, 나는 다만

그 무엇이라 한들,
그 무엇도 아니라 한들

_시집 《별을 의심하다》에서

무엇이라 한들,
무엇도 아니라 한들

나는 딱히 어떤 종교와 신을 신봉하는 건 아니지만, 그렇다고 신을 부정하지는 않는다. 오히려 신을 부정하는 사람을 내심 경계한다. 나약하기 짝이 없는 인간의 한계에 대한 고민을 하다 보면 어떤 불가항력의 절대성에 대해 경외심을 갖게 되고 절대적 존재 앞에 겸손하게 될 수밖에 없을 텐데 말이다.

절대적 존재는 대개 신으로 표상되는데, 내 경우엔 어떤 신이든 다 존중하는 입장이다. 범신론자라고나 할까. 어쨌든 내 안에 신이 있다면 다른 사람 안에도 신이 있는 것이고, 내가 받드는 신을 존중받기 바란다면 다른 사람이 믿는 신도 존중해야 마땅하다.

솔직히 지금 사십대나 오십대 초반의 연령대에 있는 소위, '386 세대'와 '486 세대' 가운데 시대의 현실을 방관하지 않고 사회적 존재와 개인적 존재 사이에서 치열한 철학적 고민을 한 사람이라면 유물론에 솔깃해하지 않은 사람이 있었을까? 나 또한 예외는 아니었다.

한때 신을 부정했던 오만, 그것이 인간에 대한 오만일수도 있겠다는 생각이 문득 든다.

추석 무렵에 진주 인사동에서 소반 하나를 장만했다. 보다시피 다리 모양으로는 호족상이고 천판은 12각이다. 원판의 변형인데, 판의 재질은 귀목이다. 이렇게 국수상이나 다과상으로 쓰면 맞춤일 것 같다. 지금까지 쓰던 천판이 네모진 소반은 나주반이다. 나주반은 호족이 드문데 기이하게도 호랑이다리를 하고 있어서 값이 꽤 비쌌지만, 큰맘 먹고 산 것이다. 지금 생각해도 사길 잘했다 싶다.

밥상이 받치고 있는 것이 어디 눈에 보이는 밥그릇이나 찬그릇뿐이겠는가.

바지락 된장국, 전어 밤 젓, 양배추 찐 쌈

언어 탐구

큰애가 고3때 언어 탐구 과목이 달려 논술학원을 찾아 갔더란다. 원
장이 학부모 신상을 확인하다가 고개를 갸웃거리며 돌려보내더란다.
결국 애는 수능 '언탐'에서 낮은 점수를 받고 지방대학 이공계열을 선
택했더란다.

대학에 입학하고서야 이 일을 고백하며
눈물 글썽이는 애 앞에서 애비는 가슴을 쳤는데

제 자식도 모르는 주제에 무슨 시를 쓰냐며,
언어 탐구가 곧 인간 탐구라는 걸 모르는
애비 또한 언어에 젬병이기는 마찬가지라며

몇 해째 떠돌던 바람난 짐을 싸서 자식들이 있는 집으로 들어갔더
란다.

_시집 《별을 의심하다》에서

국산품 애용이
애국이다?

지난해 은행에 입사한 큰애가 이번에 차를 샀는데 차종이 폭스바겐골프란다. 전화로 그 소식을 듣고 내심 충격을 좀 받았다. 처음으로 차를 사면서 한마디 상의를 하지 않은 것도 그렇지만, 어떻게 외제차 살 생각을 했을까 싶어서였다.

추석에 만나서 물었다. "왜 외제차냐."고 그랬더니 스스럼없이 "연비가 좋잖아요." 하는 거였다. 찻값은 3000만 원쯤 하는 모양인데, 연비는 국산차보다 월등히 좋단다. 게다가 폭스바겐은 대부분 경유차라니……,

할 말이 없었다. 그래도 가슴 한구석이 착잡해지는 건 어쩔 수 없었다.

다른 건 몰라도 자동차처럼 고가의 제품은 국산품을 써야 애국하는 길이라고 믿고 있는 세대로서 갖게 되는 격세지감이랄까. 한편 오로지 현실만이 선택의 기준일 뿐, 명분 따위에 구애받지 않는 '쿨함'이 부럽기도 했다.

사실은 그저께 어떤 모임에서 '자발적 애국심'을 들먹였던 내막이 여기 있었다. 요즘 같은 세상에 자식이 외제차를 샀다고 나무랄 수 있는 일인가, 국산품 애용이 곧 애국인가, 민족주의적 계몽만으로 애국심이 고취되고, 발휘되는 것인가.

선입감 때문이었는지는 모르지만, 전 정부 들어서서 가장 먼저 목격한 사회 현상이 외제차가 부쩍 늘어 활개를 치고 다닌 일이어서 눈살을 찌푸렸는데, 이제 내 자식이 그 대열에 들어서다니 울어야 할지, 웃어야 할지……, 정부나 기업에서는 지금 우리 국민들의 이런 복잡한 심사를 알기나 할까.

 그래도 나는 여전히 채소 샐러드보다는 나물 무침이나 쌈이 좋다. 촌스럽다 해도 어쩔 수 없다.

고추장 김밥, 바지락국, 풋고추 된장 범벅

정동진

굳이 여름날엔 오전 다섯 시
아니면 오후 여섯 시쯤이 좋겠다

아직 남아있는 햇살
부서진 세월을 회유하든, 수작부리든
바다의 섬뜩한 지느러미를 볼 수 있는
그 무렵, 밀려오는 사람들에 익숙한
애늙은이 소나무 몇, 등 굽은
그림자를 내려 깔고 손을 벌려도
잠시 못 본체 바다만 보자

등 뒤로 투덜투덜
투덜거리며 기차가 몇 번 지나갈 것이다

그새에도 시계탑의 모래는

하얗게 시간을 쌓으며,

어느 한 세월의 기억을 덮으며

떨어지고, 유리상자 속에 신기루처럼

갑작스런 누각 하나 또 세운들, 모래에서

기다리는 고래는 끝내 오지 않으리라

정동진,

그 시간쯤, 마침내 바다에

깊고 푸른 그림자를 버리고

해변을 따라 뉘엿뉘엿 사라지고 있는 한

사람,

사랑이라 해도 좋겠다

_시집 《아버지의 집》에서

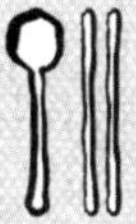

똑같은 밥과 재료로 비볐지만, 유독 맛나던 아버지의 비빔밥,
그 비결을 나는 아직 터득하지 못하고 있다.

사상누각에
기대어

대구 출장 다녀오는 길에 진주에 들러 금요일 밤의 술집을 세 군데나 전
전했다. 곳곳에 젊은이들이 자리를 차지하고 있었다. 대부분 이십대로 보
였다. 우리 일행은 세 명 가운데 남녀 각 한 명씩 두 명은 사십대였고 나
만 오십대였다.

저 청년들이 모두 제 밥벌이나 하고 있을까? 저들이 지금 쓰는
돈은 스스로 번 것일까, 부모의 호주머니에서 나온 것일까? 부모에게 타
온 거라면, 그들의 부모는 자식들이 원하는 대로 해 줄 수 있으리만치 능
력이 있는 걸까? 이런 상념들이 내내 꼬리를 물었다.

젊은이들의 미래를 노인들이 결정하는 이 기막힌 한국적 부조리와 모순 상황에서도 보란 듯이 웃고, 떠들고, 마시고, 노래하는 저 젊은이들의 내일이, 대한민국의 미래가 정말 괜찮은 걸까?

바로 내 자식 세대인 저 이십대들을 볼 때마다 아무래도 준 것보다는 빼앗은 게 많은 것 같아서 미안하고, 짠하고, 부끄럽다. 그래도 저렇듯 풋풋하고 발랄한 걸로 보아 나이든 사람의 공연한 기우려니, 애써 나이 탓으로 돌려보는데 말이다.

이렇게 입맛도 없고, 밥맛도 없을 때는 비비든지 마는 게 상책이다. 고추장에 밥을 비벼 김에 말았으니 비비고, 말고 다 한 게 아닌가.

올여름 어느 날에는 그, 사상누각의 기둥에 기대어 귀신고래를 볼 수 있을까?

소라 감자국, 볼락 구이, 콩잎 된장 장아찌, 가죽순 장아찌

사람의 가슴에도 레일이 있다

그 여름 내내

기차는 하필 잠들지 못하는

늦은 밤이나 너무 일찍

깨어버리고야 마는 새벽녘에야

당도해서 가슴을 밟고 지나갔다

사람의 가슴에도 레일이 있는 것임을

그 해 여름 그 역 부근에 살면서,

한 사람을 난감하게 그리워하면서

비로소 알았다 낮 동안 기차가 오고,

또 지나갔는지는 모를 일이다

딸랑딸랑 기차의 당도를

알리는 종소리는 늘 가슴부터

흔들어 놓았다 그 순간

레일 위의 어떤 금속이나

닳고 닳은 침목의 혈관인들

터질 듯 긴장하지 않았으랴

이어 기차는 견딜 수 없는 육중한

무게로 와서는 가슴을 철컥철컥

밟고 어딘가로 사라져갔다

아주 짧게,

그러나 그 무게가 얼마나 오래도록

사람의 가슴을 짓눌렀는지를

아, 기차는 모를 것이다

_시집 《등뒤의 사랑》에서

젊은이들의 미래를 노인들이 결정하는 이 기막힌 한국적 부조리와
모순 상황에서도 보란 듯이 웃고, 떠들고, 마시고, 노래하는
저 젊은이들의 내일이, 대한민국의 미래가 정말 괜찮은 걸까?

가슴에 남은
발자국 하나

베이징에서 보낸 3박 4일 동안 밥알 하나 목구멍에 안 넘겼다. 아니, 못 넘겼다. 밥알이 풀풀 날아갈 것 같은 데다 잡곡 한 톨 섞이지 않은 흰 쌀밥이라 도무지 젓가락이 가지를 않았던 것이다. 중국식은 무엇이든 기름에 볶거나 튀긴 것이어서 밤에 맥주에 소주를 말아 마시는 것으로 허기를 때웠다. 그나마 매일 아침밥은 호텔식이어서 빵과 찐 계란과 채소 샐러드로 배를 채웠다.

볼락 구이, 된장 콩잎, 가죽 장아찌, 소라 감자국, 그리고 잡곡밥……, 베이징에서 끼니때마다 눈에 아른거렸던 것들이다.

이번 중국 여정에서 가장 인상 깊었던 그림은 베이징체육대학에서 본, 왕위인가 하는 선수의 왼발뿐인 족적이었다. 이 대학 출신 중에서 국제 대회에 나가 금메달을 딴 선수들의 발을 본떠서 대리석에 새겨 두었는데 이 선수는 아마도 세계 장애인 올림픽대회 금메달리스트인 모양이다. 학교의 역사가 중단되지 않는 한 이들의 족적도 지워지지 않을 것 아닌가.

화인처럼 지워지지 않는 사람이 있어, 불현듯 가슴을 자박자박 밟고 지나가는 듯한 그런 날이 있지 않던가?

그 여름 내내, 내 잠을 흔들던 기차 소리, 그 소리도 내 귀가 아니라 분명 내 가슴을 밟고 지나갔다. 그때 알았다. 사람의 가슴에도 레일이 있는 것임을.

물메기국, 멸치 볶음, 파래 무침

화개리, 가을

나무들은 벌써 가벼워지기 시작했다

끊을 건 끊고 버릴 건 버려야
자꾸만 무거워 짓눌리는
이 삶을 부지할 수 있으리라
일찍이 내 사랑이 꽃처럼 열렸던 곳,
또한 가을 잎처럼 무참히 져 내렸던 곳
화개리, 여기에 와서 또 한 번
수액을 모두 빼앗긴 나무처럼

이 현기증 도는 사랑의 무게를
도저히 떨치지 않으면 안되겠네
잘 가라 그 이후 줄곧 부질없던
내 사랑, 벌써 잎들의 얼굴이
창백해졌다 그래도 할 수 없네
화개리, 여기에 와서 모두 떨구고

나도 나무처럼 가벼워지기로 했다

_시집 《등뒤의 사랑》에서

가슴이 휑해질 땐 뜨겁고 매워서 가슴까지 얼얼해지는 어탕 국수가 좋겠다.
그러나 어탕 국수인들 혼자서야 무슨 맛이겠는가.
무릇 음식이란 '꾼이 달아야' 맛난 법이다.

원고 없이
하는 강의

강의를, 특히 다수를 상대로 강연을 할 때는 원고 없이, 또는 원고를 무시하고 마치 즉석 연설하듯 하는 경우가 많다. 스스로도 자만심을 넘어선 무모한 짓이라는 걸 알지만, 딴에는 고육지책이다.

어렸을 때는 도통 말재주가 없는 데다 말을 더듬기조차 해서 여러 사람 앞에 나서는 걸 두려워했다. 게다가 말하기 전에 미리 말할 내용을 적거나 머릿속에 저장한 채 말을 하게 되면 갑자기 머릿속이 하얘지면서 말들이 어디론가 사라져 버리고 마는 것이었다.

커서도 그런 경우가 종종 있었다. 그래서 나름대로 마련한 고육책이 일

단 강의를 하든지 연설을 하든지 무엇을 얘기할 건지 정도는 구상해 두되 자세한 원고는 쓰지 않는 것이다. 막상 손에 든 원고에는 큰 제목만 몇 개 적어 둔다. 요즘은 소제목과 꼭 필요한 텍스트만 피피티 자료로 만들어 그걸 강의안으로 삼곤 한다. 물론 사전에 원고를 요구하는 경우엔 강의안을 써서 보내긴 한다만, 그렇더라도 실제 강의는 원고에 크게 집착하지 않는다.

사실 이건 내 나름의 강의에 대한 지론이기도 하다. 나는 강의를 일방적인 전달이 아니라 강사와 청중의 소통, 즉 상호 작용의 과정으로 본다. 그래서 원고에 얽매이지 않고 현장에서 직접 맞닥뜨린 상황과 청중에 맞춰 강의를 진행하려는 것이다.

강의도 마음과 머리를 싹 비우면 거기서 얘기할 거리가 생겨나고, 뭔가로 가득 채우면 모조리 사라져 버린다는, 세상 이치도 이런 게 아니겠는가.

나무들이 가벼워지고 있다. 남해 어시장에 벌써 물메기가 나왔다.

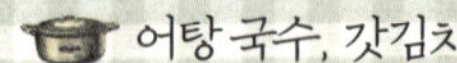 어탕 국수, 갓김치

짝

오른발을 다쳐 깁스를 했는데

왼발이 더 아프다

느닷없이 기우뚱거리는 이

일상의 난감한 무게를 저 혼자 온전히 받치고 버티며

밤마다 펄펄 끓는 신음을 토하는

왼발의 이불깃을 몰래 끌어 덮어주던

오른발은

결국 제 몸의 안식을 서둘러 풀고 말았다

_시집 《아버지의 집》에서

교과서

흔히 사고나 행동이 지극히 규범적이고 표준화된 사람을 '교과서적인 사람'이라 이른다. 교과서는 그 시대의 표준화된 지식과 가장 보편적인 가치관을 담고 있어서다. 물론 교과서가 아무리 보편성을 추구하며 표준화를 꾀한다 할지라도 그것이 온전히 보편타당하거나 절대적일 수는 없다. 특수성을 전제하지 않은 보편성은 있을 수 없을뿐더러 당대에는 비록 옳은 지식이나 진리라 여겨졌던 것일지라도 언제든지 새로운 발견과 검증에 따라 바뀔 수 있는 탓이다.

교과서의 편성이나 수정은 전문적인 논의와 검증 절차, 그리고 국민적인 공감대를 바탕으로 이루어져야 마땅하다. 그래야 교과서로서 권위를 인정받을 수 있다. 교과서의 권위는 교사의 교수 행위와 평가에 정당성을 부여하여 학교에서의 교육 활동이 가능하게 한다. 교육이 '누가' '누구에게' '무엇을' '어떻게' 가르치느냐에 관련된 문제라면, 교과서는 바로 그 요체라 할 수 있는 '무엇을'을 담는 그릇이다.

교과서가 정권이 바뀔 때마다 어떤 정파의 이해관계나 입맛에 따라 휘둘린다면, 교사들과 학생들은 '도대체 무엇을 가르치고 배울 것인가'에 대한 좌표를 잃고 일대 혼란에 빠질 것이다.

다시 아이들에게 독재와 일제 지배를 정당화하고, 북한 주민을 뿔 달린 짐승으로 가르치던, 국적도 영혼도 없는 교사로 되돌릴 참인가.

가슴이 휑해질 땐 뜨겁고 매워서 가슴까지 얼얼해지는 어탕 국수가 좋겠다. 그러나 어탕 국수인들 혼자서야 무슨 맛이겠는가. 무릇 음식이란 '꾼이 달아야' 맛난 법이다.

묵채, 닭가슴살 무침

나무의 결단

여기까지다

더 이상 가눌 수 없어

마침내 발밑에 모든 잎들을 떨궈놓고

가을날이 얼마나 뒤숭숭했으랴

날려갔든지

물어갔든지

부서졌든지

젖 떼인 아이같이 칭얼대던 잎들이

눈앞에 보이지 않을 무렵

제 몸에 회초리 자국을

죽죽 긋는

나무가
제 몸을 때리는 이유

나무가 때맞춰 잎을 떨구지 않으면 어떻게 될까? 춥고 건조한 겨울에까지 잎을 달고 있다가는 잎은 물론 줄기까지 얼어 죽고 말 것이다. 나무가 겨울이 오면 생장을 멈춘 채 몸의 수분을 줄임으로써 나뭇잎을 모조리 떨궈 내는 까닭이 여기 있다.

수분 공급이 중단되면 자연히 광합성 작용을 할 수 없게 되어 엽록소가 빠지고 본디 색깔을 드러내게 되는데 이게 바로 단풍이다. 현란하도록 화려한 단풍이 사실은 이렇게 나무로서는 살기 위한 처절한 몸부림인 셈이다.

이십대 초반 초임 교사 시절, 담임했던 아이들이 새파란 총각 선생을 깔봤는지 하도 말을 안 들어 매일 전쟁을 치르다시피 했다. 이러다 성질 급한 나만 죽겠다 싶어서 급기야 작전을 바꾸었다.

그때까지는 학급 회의에서 아이들이 벌칙 규정을 스스로 정해 범칙에 따라 손바닥 한 대, 두 대, 더 심하면 종아리 한 대, 최고 중벌은 화장실 청소 이런 식이었는데 차츰 이런 징벌이 그다지 효과가 없게 되고 오히려 즐기는 것 같았다. 그래서 하루는 뭔가로 걸린 애들에게 선생님인 내 종아리를 때리게 한 것이다. 모든 게 내 잘못이라면서……, 그 당황해하는 표정들이라니,

아 이거 참 괜찮은 방법이네, 싶어 내심 쾌재를 부르며 그 자리에서 긴급 조치를 선언했다. 이제는 걸리면 무조건 선생님이 주문하는 만큼 선생님 종아리를 때리게 한다고.

지금, 나뭇잎을 떨군 나무가 바람 회초리로 제 몸을 긋는 소리 들리시나?

시 가 있 는 밥 상